ESSAIS HISTORIQUES

SUR

LA VILLE D'ÉTAMPES.

Imprimerie de E.-J. BAILLY et Cᵉ, Place Sorbonne, 2.

ESSAIS HISTORIQUES

SUR

LA VILLE D'ÉTAMPES

(SEINE-ET-OISE),

Avec des Planches, des Notes et des Pièces justificatives.

PAR MAXIME DE MONT-ROND,

ANCIEN ÉLÈVE DE L'ÉCOLE ROYALE DES CHARTES,
ARCHIVISTE PALÉOGRAPHE,
MEMBRE DE L'INSTITUT HISTORIQUE.

TOME Ier.

ÉTAMPES,

FORTIN, LIBRAIRE, CARREFOUR DORÉ, 1.

PARIS,

DEBÉCOURT, RUE DES SAINTS-PÈRES, 69.

1836.

ERRATA.

Page 28, ligne **11**, au lieu de prise *en* possession, lisez prise *de* possession.

Page 167, ligne **4**, au lieu de *grands maîtres*, lisez *commandeurs*.

Page 91, ligne **2**, au lieu de qui *l'environnent*, lisez qui *l'environnaient*.

INTRODUCTION.

Quand on considère d'un œil attentif la nature des travaux auxquels se livre de nos jours l'esprit humain, on s'étonne de voir avec quel zèle le goût des études historiques se réveille de toutes parts. Chacun s'efforce de recueillir les souvenirs des âges qui nous ont précédés. Et cependant au milieu des vives préoccupations d'un présent semé de tant d'événemens divers; en face d'un avenir incertain dont chacun cherche à deviner le mystère, on croirait qu'il ne doit plus rester de place pour le passé, dans les labeurs de l'intelligence. Mais lorsque celle de l'homme embrasse à la fois, dans sa sphère immense, ces trois portions successives du temps, il sent que l'avenir échappe à ses prévisions; le présent lui apparaît troublé par trop de partis opposés, de passions contraires, auxquelles souvent lui-même il ne peut espérer de demeurer étranger. Alors il se réfugie dans le passé : il étudie avec calme et loisir dans nos vieilles annales les faits et gestes de nos aïeux ; il recueille et fixe d'anciens souvenirs prêts à disparaître ; il ajoute quelquefois aux naïfs récits des vieux âges ses propres réflexions, ses propres lumières; et il trouve un double charme dans cette étude, s'il pense qu'elle puisse être utile à ses contemporains.

Un genre particulier de travaux historiques occupe en ce moment une partie de nos écrivains. Ce n'est point l'histoire générale d'un peuple, d'une province, ou celle d'une époque, qu'ils ont entrepris de raconter. Ils veulent rappeler séparément les souvenirs qui se rattachent à chaque cité, décrire sa formation, son accroissement successif, et remettre en mémoire les principaux événemens survenus dans son sein. Il est facile de concevoir l'importante utilité d'un pareil travail. L'écrivain qui parcourt la suite des annales relatives à un royaume, à une vaste contrée, ne peut s'arrêter long-temps sur chacun des lieux dont il fait mention. Semblable au voyageur qui se contente de jeter en passant quelques regards furtifs sur mille objets intéressans semés le long de sa route, il ne peut, sans s'écarter du plan qu'il s'est tracé, que nommer par intervalles tant de villes, tant de bourgs qu'il rencontre dans le cours de son récit. Ainsi souvent échappent à sa vue, ou demeurent cachées dans l'ombre, une foule de scènes diverses, dignes aussi de figurer dans ses tableaux. Retrace-t-il au contraire l'histoire d'une seule ville : se concentrant alors dans une étroite enceinte, il la parcourt dans tous les sens, n'omet aucun des événemens qui la concernent, et présente sa biographie complète, depuis l'ère de sa naissance jusqu'à son âge actuel.

Mais au milieu de ses veilles et de ses louables efforts, une pensée pénible agite parfois l'esprit de l'historien. Quand, solitaire et pensif, il poursuit ainsi à travers les voies poudreuses de nos vieilles annales, son pélerinage vers les siècles passés, et que s'arrêtant sur divers points du sol de notre France, il essaye d'en redire les anciens faits, souvent il s'afflige d'en voir la chaîne interrompue et brisée, soit par les ravages du temps, soit par la main des hommes eux-mêmes. Ce n'est plus alors cet heureux moissonneur qui s'en vient joyeux dans un champ fertile, et recueille en abondance des gerbes précieuses entassées sous ses pas : c'est au contraire un timide glaneur qui cueille quelques épis, échappés par hasard à la faux destructive, et ne peut en rassembler qu'un modique faisceau, faible récompense de longues fatigues et de pénibles efforts.

Le sol où s'élève aujourd'hui la ville d'Etampes, n'est point ce champ tout-à-fait stérile où la faux du temps et de l'oubli n'a laissé que d'informes débris, dispersés et confus. Cette ville, qui figure avec honneur dans l'histoire générale de la France, méritait elle-même d'avoir son histoire particulière. Il est peu de villes d'une médiocre étendue, qui aient vu autant d'événemens importans se passer au milieu d'elles. Plusieurs pages brillantes de nos fastes nationaux se rattachent par divers liens à sa destinée spéciale. Robert-le-Pieux, Louis-le-Gros, Philippe-Auguste, saint Louis, n'ont-ils pas honoré de leur séjour la gracieuse vallée d'Etampes? Visitée par plusieurs pontifes de Rome, elle a vu les Suger, les saint Bernard, ces gloires de la Gaule religieuse, apparaître dans son sein, et y recevoir les hommages éclatans dûs à leurs vertus. La gloire militaire ne fut pas non plus étrangère aux habitans de ces bords : plusieurs siéges soutenus avec vigueur par la ville et le château, attestent la bravoure qu'ils surent déployer dans mainte occasion. Enfin, si l'on recherche des souvenirs de chevalerie, de courtoisie ou de beauté, ils s'y rencontreront en foule : les noms de Louis XII, de François Ier, Henri IV, seront plus d'une fois mêlés dans nos récits ; tandis que ceux d'Anne de Bretagne, Claude de France,

Anne de Pisseleu, Diane de Poitiers, Gabrielle d'Estrées, tour à tour comtesses ou duchesses d'Etampes, pourront aussi revêtir de quelque éclat l'histoire de la ville dont nos princes leur avaient fait hommage, comme un noble gage de leur amour?

Tels sont les récits divers que j'ai entrepris d'écrire, en puisant aux sources originales, et recueillant les documens épars dans nos *Mémoires*, nos *Chartes*, ou nos *vieilles Chroniques*. Nos recherches nous permettront de présenter avec détail quelques uns des événemens dont Étampes a été le théâtre. A l'égard de quelques autres, nous devons l'avouer, l'histoire n'a laissé qu'un petit nombre de matériaux bien insuffisans pour en donner une idée juste et complète. Lorsque nous serons réduits à les indiquer seulement en passant, qu'on veuille bien se rappeler ce que nous disions tout à l'heure, et songer alors que souvent l'historien d'une ville est réduit à rassembler çà et là quelques débris échappés à la faux du temps. Mais avant de faire connaître le plan et la forme de cet ouvrage, je dois dire ici quelques mots d'un écrivain qui m'a précédé dans la carrière, et payer un juste tribut à celui qui dans plus d'une occasion sera mon guide et mon appui.

Vers l'an 1683, un volume fut publié sous ce titre : *les Antiquités de la ville et du duché d'Estampes* (1). L'auteur, D. Basile Fleureau, religieux barnabite de la congrégation de Saint-Paul, entreprit ce livre, ainsi qu'il nous l'apprend lui-même, par le motif d'une louable émulation : « *car voyant*, dit-il, *les histoires que l'on*

(1) L'ouvrage de D. Fleureau qui fut imprimé l'an 1683, avait été composé en l'année 1668. (Voy. p. 600.)

« *a composées depuis peu des villes qui ne sont* « *pas si considérables que celle d'Estampes, ma* « *patrie, j'ay cru que je luy devois mon étude,* « *et mon travail, pour la rendre plus célèbre,* « *en mettant au jour ses antiquités* (1). » Les habitans d'Etampes doivent une éternelle reconnaissance à ce savant religieux, qui le premier débrouillant le dédale de mille faits confus, consacra ses soins et ses veilles à retracer l'histoire des monumens de sa ville natale. Son ouvrage, fruit de longs et consciencieux efforts, renferme une foule de détails curieux sur nos vieilles coutumes, et sur les faits et gestes de nos rois dans leurs rapports avec cette contrée. Mais ce livre, demeuré entre les mains d'un petit nombre de lecteurs, est aujourd'hui inconnu d'une partie des habitans d'Etampes, qui ne songent guère à venir y apprendre les actions de leurs

(1) Préface.

aïeux. Une pareille lecture d'ailleurs serait souvent pour eux pénible et rebutante. Le texte vieilli n'offre qu'un style traînant et confus, hérissé sans cesse de chartes latines ou françaises, qui, interrompant la narration, ralentissent la marche de l'historien. En outre, l'auteur donnant trop de place à une foule de détails peu importans, nous semble négliger ou effleurer trop rapidement certaines parties historiques de son sujet. Quelques uns de ces défauts peuvent être attribués au temps où vécut cet écrivain. Les autres dérivent du plan même de l'ouvrage, d'après lequel l'auteur doit s'occuper moins des événemens dont sa patrie fut le théâtre, que de ses monumens et surtout de ses antiquités religieuses.

J'ai tâché dans ces *Essais historiques*, de remédier aux défauts que je viens de signaler. J'ai voulu par de simples récits rendre populaire et accessible à tous, la connaissance des faits relatifs à l'histoire d'une ville qui tient un rang distingué dans nos annales. M'environnant donc du résultat des travaux de mes devanciers, et y ajoutant le fruit de mes recherches particulières, continuées jusqu'à nos jours, je me suis efforcé de les réunir dans un corps d'ouvrage dont le style et la forme n'eussent rien d'austère, rien de rebutant. Rejetées à la fin du récit, ou dans des notes en dehors du texte, les pièces justificatives, ou certains détails de moindre importance, ne viendront point interrompre inutilement le fil de la narration. Je me suis efforcé de demeurer toujours dans mon sujet : ou si parfois, m'écartant par quelque digression, j'ai semblé perdre de vue l'enceinte dont nous suivions les traces ; ce n'est qu'afin d'éclaircir quelques faits purement locaux, ou pour leur donner plus de variété et d'intérêt, en montrant leur liaison avec des événemens plus importans encore de l'histoire générale de la France.

L'histoire d'Etampes se divise naturellement en deux parties. La première, qui doit comprendre le laps de temps durant lequel son territoire fit partie du domaine de la couronne, nous conduira jusqu'au XIIIe siècle. La seconde, commençant après le règne du roi saint Louis, se continue jusqu'à nos jours. Ainsi dans un premier volume, nous aurons à rechercher l'origine d'Étampes, à parler de ses accroissemens successifs, et à décrire ses divers monumens. Dans un second volume, nous poursuivrons l'histoire d'Etampes jusqu'à l'époque actuelle. Ses seigneurs, ses comtes et ses ducs, passeront tour à tour sous nos yeux; et le récit détaillé de chacun de ses siéges et de ses combats fixera particulièrement notre attention.

Mais avant d'entrer en matière, qu'il me soit permis de remercier toutes les personnes qui ont bien voulu m'aider de leurs secours et de leurs conseils, ou me fournir des matériaux précieux pour les joindre à mon travail. Je ne puis résister ici au désir de nommer M. Grandmaison, digne propriétaire des ruines du château d'Etampes, qui m'a donné le premier l'idée de cet ouvrage, et n'a rien épargné pour en assurer le succès. MM. de Barville, Vénard, Hénin de Longuetoise, de Bonnevaux, Sédillon, Lenoir fils, et Chauvet, gardien des Archives de la ville, ont aussi des droits particuliers à ma reconnaissance. Enfin, je dois des remercîmens à tous ceux qui se sont empressés d'encourager de leur souscription l'œuvre modeste de celui qui venait au milieu d'eux leur offrir le fruit de ses veilles et de ses efforts. Puisse-t-il n'avoir pas trompé entièrement leur attente! Puissent aussi les habitans d'Etampes accueillir favorablement ces *Essais historiques*, faible tribut d'hommage et de gratitude d'un jeune étranger, dont la famille, transplantée des rives natales sur les bords rians de la Juine, n'a cessé d'y recevoir la plus gracieuse hospitalité!

Lith. Formentin & Cie

ETAMPES.

ESSAIS HISTORIQUES

SUR

LA VILLE D'ÉTAMPES.

Chapitre premier.

Antiquité d'Étampes. — Conjectures sur son origine et sa fondation. — Coup d'œil général sur ses principaux monumens.

Sur la route de Paris à Orléans, à l'entrée des fertiles plaines de la Beauce, l'œil du voyageur découvre une vallée arrosée par plusieurs ruisseaux, semée de nombreuses prairies, féconde et d'un agréable aspect. Les rives des eaux qui la parcourent ne sont point silencieuses : l'oreille y entend sans cesse le bruit monotone et cadencé de nombreux moulins ; et ce bruit, se mariant au léger murmure de l'onde, répand un air de vie et de gaîté sur les gracieux paysages étalés le long de ces bords. Cette enceinte se rétrécit par degré du côté d'Orléans, et se partage ensuite en deux autres vallons moins étendus : l'un d'eux, arrosé par la Juine, se prolonge vers le midi ; tandis que l'autre, allant vers l'Occident, est baigné à son tour par les deux petites rivières dites *Loüette* et *Chaloüette*. Quelques collines entourent ces vallons ; et au dessus, s'étendent les immenses plaines de la Beauce, où l'œil, fatigué de la vue d'un terrain toujours plat, uni, cherche en vain pour se récréer, quelques traces de bois et de tertres verdoyans.

C'est au sein de cette vallée fraîche et gracieuse, qu'apparaît la ville d'Étampes; formée d'un long amas de maisons, elle ne présente d'abord du côté d'Orléans, qu'une rue étroite, mais son enceinte s'élargit ensuite, se développe et suit pour ainsi dire les formes du vallon. La partie de la ville, qu'on nomme aujourd'hui le *faubourg Saint-Martin*, était désignée autrefois par le nom d'*Estampes-les-Vieilles*. Comme la plus ancienne, c'est elle qui va fixer d'abord notre attention. Essayons de donner quelques détails sur son origine et sa fondation, en nous aidant des lumières que la tradition ou les récits de l'histoire ont fait jaillir du sein des ténèbres profondes, qui environnent souvent le berceau des cités.

Étampes, autrefois *Estampes*, en latin *Stampæ*, n'est point du nombre de ces villes qui font remonter leur fondation à une époque peu éloignée des premiers âges du monde, et tirent une vaine gloire de l'antiquité de leur origine. Son nom ou celui de son territoire, *Stampæ*, *Pagus Stampensis*, ne commence à paraître que dans les Annales de Grégoire de Tours et de Frédégaire, aux temps de nos premiers rois Mérovingiens. Mais plus d'un historiographe, cherchant à percer le mystère qui voilait aux yeux l'origine de cette ville, s'est efforcé de l'expliquer, à l'aide de suppositions gratuites plus ou moins ingénieuses. L'une de ces explications, s'il est vrai qu'elle soit dénuée de preuves suffisantes, est du moins flatteuse pour cette contrée ; et ses habitans ont dû l'accueillir avec empressement et reconnaissance.

Suivant donc cette interprétation, le nom d'*Étampes* aurait été formé par l'addition de quelques lettres du mot grec (τεμπή) (*tempe*). De vieux historiens ont rapporté qu'une bande de Troyens, fuyant leur patrie incendiée, se retira dans la Gaule, sur les rives de la Seine, et y fonda l'ancienne *Lutèce,* qui fut ensuite nommée *Paris,* du nom de *Paris,* fils du roi Priam (1). Adoptant cette légende, quelques uns ont pensé que plusieurs de ces Troyens se répandirent dans les lieux circonvoisins, et que remontant le cours de la Juine ils s'étaient arrêtés au sein d'une gracieuse vallée, à l'entrée des plaines de la Beauce. Charmés de sa fraîcheur et de son aspect agréable, ils y auraient fondé une ville à laquelle ils auraient donné le nom de *Tempé.* Étampes devrait ainsi son poétique nom à la ressemblance de sa vallée avec celle de Tempé en Thessalie, que maint favori des Muses s'est plu à célébrer.

Sans adopter cette singulière supposition il est permis de croire que le mot grec *Tempé* n'en est pas moins la véritable source de celui d'*Étampes*. Ce nom aurait pu être choisi par des Gaulois, dont les plus instruits se servaient souvent, dit-on, de la langue grecque. Il aurait été donné, à cause de son heureuse position, à la ville construite sur les bords de la Juine, comme à la belle vallée de Thessalie, dont ces lieux rappellent le souvenir (2).

(1) Chroniques de Saint-Denis.

(2) Le mot τεμπεα τεμπή, gén. έων (τά), signifie vallons, ri-

Quelques personnes ont cru découvrir dans *Étampes* l'ancien *Agendicum* des Romains, célèbre par des combats et des siéges soutenus contre César. Il serait inutile de nous arrêter sur cette opinion, qui n'est appuyée sur aucune preuve digne d'un sérieux examen.

Enfin quelques auteurs ont vu le premier nom d'Étampes dans celui de *Salioclita*. Leur erreur avait son fondement dans quelques distances indiquées par l'*Itinéraire d'Antonin*, et dont ils ne pouvaient trouver l'accord sans recourir à cette explication. *Salioclita* est en effet mentionné dans l'*Itinéraire* de cet empereur; et sa place est marquée à une distance égale de *Lutetia Parisiorum* (Paris), et de *Genabum* (Orléans). La haute antiquité d'Étampes serait donc manifeste, si *Salioclita* avait été dans l'origine son véritable nom. Mais cette ville doit céder à un bourg voisin l'honneur de voir figurer son nom parmi ceux que cite l'histoire dès le deuxième siècle de notre ère. C'est au village de *Saclas*, situé à deux lieues plus haut en remontant vers la source de la Juine, qu'appartient cette antique appellation. On ne saurait en douter, si l'on compare ce mot *Saclas* avec celui de *Salioclita*, ou *Sarclita*, dont il est fait mention également dans un diplôme de Dagobert Ier. Des restes d'une voie romaine dite le *Vieux chemin*, où l'on retrouve des débris de bornes milliaires, subsistent encore près de cette bourgade précisément dans sa direction vers Orléans. Et l'on peut dire enfin pour dernière preuve que la distance de cette ville est plus conforme que ne le serait celle d'É-

ches vallées, défilés entre des montagnes. Voir la note (I) à la fin du volume.

tampes elle-même aux indications fournies par l'Itinéraire d'Antonin (1).

On doit donc croire que la ville d'Étampes n'a point eu d'autre nom latin que celui de *Stampæ,* dont on retrouve la première trace dans les récits de nos vieux historiens. Quant à l'époque de la fondation d'*Étampes-les-Vieilles,* nous avons vu plus haut qu'on ne pouvait la déterminer qu'à l'aide de suppositions et de conjectures puisées aux sources de la tradition. L'histoire en effet garde ici le silence. Le voisinage d'Étampes et de Chartres, l'ancienne *Carnutum,* engage à rechercher si à la première de ces villes ne se rattache point, comme à la seconde, des souvenirs du druidisme, l'antique religion des Gaulois. Chacun sait que le territoire des Carnutes était le siége principal des prêtres dépositaires de ces mystérieuses croyances. Là, dans un lieu consacré, l'assemblée la plus solennelle des druides se tenait une fois l'an. C'est là qu'ils venaient siéger au milieu des peuples, rendaient des jugemens et veillaient au maintien de leurs institutions. Cependant lorsque la ville de Chartres conserve encore des traces de la présence des anciens prêtres gaulois, le territoire d'Étampes ne présente rien que puisse réveiller de pareils souvenirs.

Mais s'il ne reste sur ce sol aucun vestige du séjour des Gaulois, nos aïeux, on y retrouve encore quelques

(1) *Ex itinerario Antonini Augusti. Rec. des histor. de France, t. 1, p.* 105. Cet itinéraire qui indique la route suivie par l'empereur Antonin, d'Autun à Paris, marque 24,000 pas de *Genabum* à *Salioclita,* et une distance égale de *Salioclita* à *Lutetia.* Or, il est facile de voir, à l'aide des cartes géographiques, que cette position de *Salioclita*, telle qu'elle est donnée par cet itinéraire, s'applique mieux au bourg de Saclas, qu'à la ville d'Étampes.

traces de la domination romaine. Des monnaies, marquées au coin des empereurs Gordien, Dioclétien, Constance Chlore, comme aussi quelques autres objets antiques, découverts dans des fouilles, attestent la présence dans ces lieux des fiers conquérans des Gaules (1).

Une ville s'élevait-elle alors sur les bords de la Juine, ou la vallée d'Étampes n'offrait-elle à cette époque que des prairies marécageuses, semées de quelques cabanes ou d'habitations isolées ? L'histoire est muette sur ce point. Toutefois, lorsqu'on voit César, dans le récit de ses marches et de ses combats, parler souvent de Genabum, Carnutum, Agendicum (2), etc., et n'oublier pour ainsi dire que la ville d'Étampes, il est permis de croire, ce nous semble, que cette ville n'existait point encore. Il serait donc téméraire de vouloir placer avant l'ère chrétienne l'époque de sa fondation.

Étampes, bien que d'une étendue peu considérable, possédait autrefois, en plus grand nombre qu'aujourd'hui, des monumens de diverses sortes construits dans son enceinte, ou non loin de ses murs. La plupart d'entre eux, œuvres du moyen âge, sont des églises ou des monastères. Nous ferons connaître plus tard successivement leur origine, avec les détails que l'histoire ou la tradition nous permettront de recueillir. Mais il est bon de jeter sur eux dès à présent un rapide coup d'œil. Le lecteur, après avoir assisté à cette revue sommaire, ne marchera plus désormais sur un terrain inconnu; et il lui

(1) Voir la note (II) sur Brunehaut, à la fin du volume.
(2) Orléans, Chartres, Sens.

sera facile alors d'apprécier à leur juste valeur quelques uns des événemens historiques consignés dans nos récits.

En portant d'abord nos regards sur la partie de la ville, connue autrefois sous le nom d'*Estampes-les-Vieilles*, nous y découvrons l'*Eglise de Saint-Martin*, dont la fondation remonte à une haute antiquité. Quelques ruines d'une ancienne chapelle, dite du *Petit Saint-Mars*, s'aperçoivent encore à l'entrée de la vallée d'Ormoy. Vers le milieu de la vaste rue qui joint *Estampes-les Vieilles* et le faubourg du *Haut Pavé*, on voyait un couvent dit de la *Trinité*, ou des *Pères Mathurins*, consacrés au rachat des chrétiens captifs chez les infidèles. Dans ce même quartier se trouvait un hôpital, dit anciennement le *refuge des pauvres*. En s'éloignant d'*Estampes-les-Vieilles*, et remontant vers le centre de la ville, on rencontrait deux autres établissemens voisins. Le premier appartenait à l'ordre des Pères *Cordeliers*, institué au 13e siècle, par saint François-d'Assise; le second, à la congrégation de *Notre-Dame*, fondée au 17e siècle par Pierre Fourrier, curé de Mattaincourt. Dans cette partie de la ville, qui sert comme de lien entre *Estampes-les-Vieilles* et Étampes-le-Châtel, étaient situés, outre l'église de Saint-Gilles, la chapelle et l'hopital Saint-Antoine, dits l'*Aumônerie des Bretons*, que possédèrent les Pères Barnabites, chargés du soin d'instruire la jeunesse. Dans le quartier où se trouve encore la rue de la *Juiverie*, s'élevait la belle église collégiale de Sainte-Croix, bâtie sur les ruines d'une ancienne synagogue. Non loin de là, au centre d'Étampes-le-Châtel, étaient Notre-Dame, Saint-Basile, œuvres du roi Robert. Enfin, dans le faubourg

Saint-Pierre, une église du même nom, près de laquelle s'élevait, dit-on, une abbaye de Chartreux, complétait la série nombreuse d'une classe de monumens qu'au temps du moyen âge, la piété des princes, aidée du concours des habitans, avait rassemblés dans l'enceinte d'Étampes (1).

Quelques autres, situés en dehors de ses murs, ne subsistent plus que par de faibles souvenirs. Au lieu dit encore *les Capucins*, sur la route de Paris, était une abbaye de cet Ordre, dont les bâtimens avaient appartenu auparavant aux chevaliers hospitaliers de l'ordre militaire de Saint-Jacques de l'Épée. Quelques pas plus loin, et toujours auprès de la route de Paris, un autre asile, d'une origine ancienne, s'offrait encore à la vue. C'était la Maladrerie de Saint-Lazare, avec son église, sous l'invoca-

(1) J'aurais pu ajouter à cette énumération le petit monument dit de l'*Ecce homo*, qu'on voyait autrefois dans le voisinage d'Étampes-les-Vieilles. Mais bien qu'il ait donné son nom à un quartier de la ville, désigné aujourd'hui encore par cette étrange appellation, son peu d'importance doit nous faire garder le silence à son égard. Si donc nous le rappelons ici, c'est seulement pour avoir l'occasion de citer une anecdote qui se rattache à sa mémoire. Suivant une tradition locale, un ouvrier travaillant sur la place de l'*Ecce homo*, aperçut un jour un étranger aiguisant un poignard sur la pierre qui servait de piédestal à l'image du Christ. Interrogé sur son dessein, l'inconnu répondit froidement à l'ouvrier : — « J'aiguise un poignard qui fera long-temps parler de « lui. » Or, celui qui parlait de la sorte était François Ravaillac. Se rendant à Paris pour assassiner Henri IV, il passait par Étampes, et sa main sacrilége, souillant la pierre où venait s'agenouiller le peuple, s'efforçait de la rendre ainsi complice de l'infâme crime qui devait trancher les jours d'un de nos plus grands rois.

tion de Saint-Michel. Là, de pauvres lépreux, confiés aux soins de frères hospitaliers, oubliaient une partie de leurs douleurs, et ces lois rigoureuses qui, les repoussant en dehors des cités, leur interdisaient tout commerce avec les hommes. Il sera intéressant de voir plus tard de quelle sollicitude plusieurs souverains pontifes, rois ou seigneurs, avaient environné tour à tour ce refuge de la misère. Disons seulement, dès à présent, qu'il fut redevable au roi Louis VII, d'une faveur spéciale, dont le souvenir dure encore, et qui revient chaque année, avec les premiers jours d'automne, embellir les lieux voisins d'un éclat inaccoutumé. En effet, ce prince touché de compassion pour les infortunés renfermés dans cet asile, voulut que tous les ans, au retour de la fête de Saint-Michel, leur patron, il se tînt une foire aux environs de la maladrerie de Saint-Lazare, et que durant les huit jours de sa durée, tous les droits de marché attribués jadis au roi, devinssent l'apanage de cette maison hospitalière (1). Telle est l'origine curieuse et touchante de cette belle foire de la Saint-Michel, qui s'est ainsi perpétuée à travers près de sept siècles, jusqu'à nous, et durant laquelle la ville d'Étampes voit encore une foule nombreuse de marchands ou d'acheteurs arriver dans son sein. A tous ces étrangers, qui participent alors aux joies bruyantes ramenées par ces jours de fête, si l'on demandait quelle est la source de ce concours extraordinaire, chacun peut-être garderait le silence. Et parmi les habitans d'Étampes, plus d'un sans doute ignore lui-même que s'il est dans l'année une époque heu-

(1) Le titre de cette concession daté d'Étampes est de l'an 1147.

reuse où il voit son commerce fleurir, et l'industrie étaler à ses portes ses trésors, il en est redevable à de pauvres lépreux recueillis jadis, près des murs de la ville, par les soins paternels de l'un de nos rois.

Jetons maintenant un coup d'œil sur quelques monumens d'un autre genre. Le plus important d'entre eux est cet immense castel, dont une énorme tour, s'élevant isolée sur des monceaux de ruines, est désormais l'unique débris. Bâtie, non loin de la route de Paris, sur une colline qui domine la ville entière, il servit tour à tour de citadelle et de prison, et plus d'une fois, ainsi que nous le verrons ailleurs, des armées ennemies s'efforcèrent d'abattre ses murailles. Plus bas, près les bords de la Juine, était le palais des rois (*palatium nobile*), dit le *séjour* ou *palais des quatre tours*, à cause des tourelles placées à chacun de ses angles. Enfin, un autre palais moins ancien avait été construit au centre d'Étampes-le-Châtel; c'est celui qu'habitèrent Anne de Pisseleu, Diane de Poitiers, etc. Cette maison, qui subsiste encore, est ornée de gracieux détails d'architecture et de sculpture.

Si, sortant de l'enceinte de la ville, nous explorons de nouveau ses alentours, nous trouvons, au bout de la plaine dite des *Sablons*, le lieu où s'élevait un ancien bâtiment, connu sous le nom de *Tour de Brunehaut*. C'est là, suivant une tradition, que cette reine de France, épouse de Sigebert, se plut, durant quelque temps, à fixer son séjour. Non loin d'un terrain semé de si vieux souvenirs, et dans l'une de ces positions charmantes que les Religieux du moyen âge savaient toujours choisir pour y bâtir leurs monastères, on découvre encore les restes de l'antique abbaye de Morigny, de l'Ordre bénédictin. La chronique de cette maison nous apprend que, dans le voisinage, il existait un petit couvent de religieuses, dont quelques uns attribuent la fondation à la reine Brunehaut. Déjà vers la fin du 17e siècle, on n'y voyait plus qu'une simple chapelle, dédiée à saint Julien, martyr d'Antioche. Dans cette même chapelle, un autel particulier recevait de fréquens hommages des habitans de la contrée; c'était celui de saint Phallier, ermite. Là, on vit souvent, dit-on, une mère portant dans ses bras son enfant chétif et presque sans mouvement, venir le déposer avec confiance sur les marches du saint lieu, invoquer le ciel, et puis reprendre, l'âme joyeuse, ce fils souffrant, que le bienheureux avait guéri. Enfin, nous transportant vers le côté opposé de la ville, et sur l'un des coteaux qui dominent le joli vallon de Valnay, nous trouvons les ruines d'une antique chapelle dite vulgairement le *Temple*. La tradition porte qu'elle appartint jadis à l'ordre des *Templiers;* divers titres authentiques semblent confirmer cette opinion, en nous montrant les chevaliers du Temple, possesseurs de maints revenus au territoire d'Étampes, sur quelques uns de ces nombreux moulins, que nous voyons, aux siècles reculés de notre histoire, apparaître déjà sur ces bords (1).

Tels étaient les principaux monumens qui décoraient la ville d'Étampes ou ses alentours, avant que le temps et la main des hommes eussent passé sur ces précieux souvenirs d'un autre âge. Quelques uns ont disparu entièrement de

(1) Voyez entre autres un diplôme du roi Louis VII, daté de Paris, l'an 1163, et un *vidimus* de cet acte, de l'an 1373.

la surface du sol; d'autres présentent encore quelques faibles débris : un petit nombre, enfin, s'est conservé jusqu'à nos jours. Si, du pied de la tour antique restée seule au milieu des ruines d'un immense castel, nous portons notre vue sur cette longue ligne d'habitations, qui s'étend durant près d'une lieue au sein de la vallée, nous découvrons les clochers des quatre églises, qui forment encore les paroisses de la ville. Mais celle de Sainte-Croix, qui surpassait, dit-on, toutes les autres par les ornemens dont nos princes s'étaient plu à l'enrichir, celle de Saint-Pierre, vous les chercheriez en vain. Cette chapelle des *Templiers,* qui devait reposer si agréablement les yeux, lorsque, du milieu d'un frais vallon, on l'apercevait assise élégante et isolée sur la cime du coteau voisin, n'est plus aujourd'hui qu'un monceau de ruines. L'antique abbaye de Morigny n'offre plus guère aux regards que son clocher gothique : la maladrerie des lépreux, l'autel de Saint-Phallier, ont également disparu. Enfin, tous les souvenirs de la reine Brunehaut se sont aussi évanouis de ces lieux. Mais ici, du moins, des constructions nouvelles, des jardins dessinés avec un goût exquis, viennent charmer la vue, et l'on n'ose plus regretter le monument antique à l'aspect du *Brunehaut* moderne, charmante habitation, dont aujourd'hui, comme aux temps anciens, une princesse ne dédaignerait peut-être point le séjour (1).

Quelques autres embellissemens se poursuivent aussi en ce moment aux portes de la ville d'Étampes. Sur les bords de la Juine, et au pied du coteau de Vauroux, un homme

(1) Voir la note (II) à la fin du volume.

estimable, refoulé sur le sol natal par les tempêtes politiques, consacre ses loisirs à décorer utilement cette partie d'une vallée où la nature s'est déjà montrée si prodigue de ses dons : en ornant ainsi à grands frais ses propres domaines, il aime à songer que ses concitoyens jouiront un jour du fruit de ses efforts. D'un autre côté de la ville, un semblable labeur a été entrepris. Les ruines de l'ancien château d'Étampes ne présentent plus, comme naguères, un sol semé d'amas de pierres ou hérissé de ronces. Ce sol, devenu la propriété d'un de ces hommes aux goûts simples et paisibles, pour qui l'étude des productions de la nature est une occupation délicieuse, s'est vu en peu de temps paré de verdure et de fleurs. Le maître de ces lieux, ancien officier, retiré du service des camps, essaye d'y rassembler des plantes rares. Des rivages d'Afrique, où il avait suivi ses frères d'armes, il a rapporté, avec sa part d'honneur, des plantes exotiques, et, par des soins laborieux, il s'efforce de les faire croître sous le ciel de la vallée d'Étampes. Ainsi, sur un terrain long-temps sec et aride, un gracieux enclos s'offre désormais aux regards surpris ; ainsi, c'est du milieu de touffes nombreuses d'arbustes et de fleurs que s'élève aujourd'hui, sur une colline verdoyante, cette vieille tour de *Guinette*, dont la tête altière dépassera long-temps encore les plus hauts arbres de ce mont, semé d'antiques souvenirs.

Chapitre second.

Étampes sous les premiers rois Mérovingiens. — Bataille sanglante sur son territoire. — Église de Saint-Martin. — La reine Brunehaut.

Nous avons vu dans le chapitre précédent que les historiens n'ont point assigné d'époque précise à l'origine de la ville d'Étampes ; mais que son nom latin *Stampæ*, ou *Pagus Stampensis*, se trouvant mentionné dans plusieurs monumens historiques des premiers rois Francs, on devait la considérer comme existant déjà sous ces règnes obscurs et reculés. Alors sans doute Étampes n'était qu'une simple bourgade, bâtie à l'entrée de la vallée, le long de laquelle la ville entière s'étend et se développe aujourd'hui. Mais quelque peu importante qu'elle fût aux âges de sa naissance, elle ne tarde pas à jouer un rôle dans nos annales. Nous la voyons tantôt figurer dans ces nombreux partages de provinces gauloises, que des princes rivaux, issus du même sang, faisaient entre eux, à la mort de chacun des chefs de la monarchie; tantôt elle devient le théâtre de l'une de ces guerres sanglantes, que se livraient ces mêmes princes, pour régner en maîtres sur le fertile sol conquis par leurs aïeux. Essayons de recueillir quelques uns de ces souvenirs antiques; et que les récits naïfs de nos vieux annalistes nous servent dans cette étude et de guide et d'appui.

Après un règne marqué par d'éclatans succès, Clovis Ier (Hlodewig Ier) avait, en mourant, partagé entre ses quatre fils, le territoire d'un royaume agrandi par sa valeur (511). L'un d'eux, Childebert (Hildebert Ier), couronné roi de Paris, étendit sa puissance sur les provinces voisines de cette capitale; Étampes qui se trouvait compris dans ces limites, dut dès lors faire partie du domaine de ce monarque.

Un nouveau partage ayant eu lieu plus tard entre les quatre fils de Clotaire (Hlodeher Ier), qui durant quelque temps avait régné seul sur toute la monarchie, Hérébert ou Caribert, l'aîné d'entre eux, devint roi de Paris. A la mort de ce prince, ses états furent divisés entre ses frères survivans (1). Parmi les pays qui formèrent alors la part de l'héritage, échue à Sighebert, roi de Metz, on doit comprendre les villes de Châteaudun, Vendôme, et le

(1) Caribert mourut au château de Blaye le 7 mai 570, sans laisser d'enfans mâles.

territoire d'Étampes et de Chartres (1). Childebert, fils de ce monarque, venait de lui succéder au royaume de Metz ou d'Austrasie. Bientôt les plaintes réitérées de son oncle Gontran (Gundehramm), roi de Bourgogne, sur la prétendue violation d'un traité qu'ils avaient conclu ensemble, donnèrent lieu à cette mission importante dont fut chargé le savant Grégoire, évêque de Tours, et dont il a laissé un récit détaillé dans ses Annales (2). Envoyé par Childebert vers le roi Gontran, il le rencontre à Châlons-sur-Saône, et l'aborde en disant : « Illustre prince, « votre très glorieux neveu vous salue, et rend mille ac- « tions de grâces à votre piété ; car c'est de vous qu'il « apprend toujours à faire ce qui plaît à Dieu, et à tra- « vailler au bonheur de son peuple. Quant aux traités « dont vous l'avez entretenu, il promet de tout accomplir, « et de ne violer en rien le pacte que vous avez conclu.— « Pour moi, répond fièrement le roi de Bourgogne, je « n'ai point de pareilles grâces à lui rendre : n'a-t-il pas « été très souvent infidèle à ses promesses..... » — En parlant ainsi, le monarque fit apporter et relire devant tous les assistans, la formule du traité conclu antérieurement entre les deux princes (3).

(1) C'est ce qui résulte de la transaction passée entre les rois Gundehramm ou Gontran, et Childebert... Voyez cette transaction. Greg. Turon. lib. IX.

(2) *S. Gregorii episc. Turonensis historia Francorum, lib.* IX. — *Recueil des historiens de France, t.* 11, *p.* 343.

(3) « *Salutem uberriosimam mittit tibi gloriosissimus nepos tuus Childebertus, ô inclite rex, etc...* » Hæc nobis loquentibus, pactionem ipsam relegi rex coram adstantibus jubet. (Greg. Turon. lib. IX.)

C'est dans cette transaciion, dont la date répond à l'an 587 de notre ère, que l'on voit figurer pour la première fois dans notre histoire le nom du territoire d'Etampes (*Pagus Stampensis*).

« Il a été arrêté, y lisons-nous, que le roi Gontran jouira « à perpétuité de la troisième partie de la ville de Paris, « avec ses dépendances, des villes de Châteaudun, Ven- « dôme, du territoire d'Étampes et de Chartres, etc... »

Avant cette époque, le nom d'Étampes demeure enseveli dans une nuit obscure. Mais une fois tiré de l'oubli, nous allons le rencontrer souvent mêlé aux récits de nos vieux historiens; plus d'une fois même, versant des pleurs autour de son berceau, nous verrons cette ville éprouver, aux jours de sa naissance, quelques unes de ces secousses violentes, dont l'ambition de monarques rivaux fut trop souvent pour des cités paisibles, la cause funeste et immédiate.

C'est ainsi qu'en puisant encore dans les Annales de Grégoire de Tours, sources fécondes de documens précieux pour l'histoire des premiers âges de notre monarchie, nous trouvons un récit qui nous révèle un premier pillage, auquel fut en proie le territoire d'Étampes. Dans une assemblée d'évêques, convoquée à Metz, par le roi Childebert (590), Egidius, évêque de Reims, comparut, chargé du poids de plusieurs crimes. Après qu'Ennodius, délégué du monarque, l'eut sommé de répondre tour à tour sur chacune des accusations dont il était l'objet, on en vint à rechercher les causes d'une guerre récente entre Gontran et Chilpéric. « Pourquoi, dit alors à l'évêque le « roi lui-même, avez-vous excité mes frères à se livrer

« entre eux une guerre civile ? C'est par elle, c'est par les « mouvemens tumultueux de leurs armées qu'ont été dé- « truits et ravagés la ville de Bourges, le territoire d'É- « tampes et le castel de Melun. Dans cette guerre, que « d'hommes ont péri ! Souvenez-vous qu'au jugement de « Dieu, vous rendrez compte de leurs âmes (1). » Le peu de paroles employées ici par l'historien ne permet point d'apprécier quel degré de ravage Étampes eut à souffrir de cette première dévastation. Mais si l'on songe aux caractères violens de ces chefs de guerre, qui, n'ayant point dépouillé encore la rudesse et la férocité des farouches Germains, imprégnaient de vengeance et de cruauté chacun de leurs actes, envers un ennemi ou un rival, on peut croire que ce pillage antique fût empreint lui-même d'une teinte barbare. Ainsi, Étampes dut long-temps se ressentir du fatal passage dans ses murs de ces hordes conquérantes, dont les chefs vaillans se disputaient avec un acharnement avide le fertile sol de nos aïeux.

La Chronique de Frédégaire nous a transmis, mêlé au nom d'Étampes, le souvenir de l'un de ces actes de justice sévère, que l'on rencontre en si grand nombre sous le règne des premiers rois mérovingiens. Un jeune guerrier, Boson, fils d'Audolène, du pays d'*Étampes*, dit la Chronique (de Pago Stampensi), avait été accusé d'entre-

(1) « *Quid tu commisisti fratres meos, ut inter illos bellum civile consurgeret : undè factum est ut commotus exercitus Biturigas urbem, Pagumque Stampensem, vel Mediolanense castrum diruerent atque depopularentur : in quo bello multi interempti sunt, quorum, ut putas, animæ erunt Dei judicio de tuis manibus requirendæ ?* (V. Gregor. Turon. Hist. Franc. lib. x.)

tenir un commerce criminel avec la reine Sighilde, femme du roi Hlodeher II ou Clotaire. Mais il ne tarda pas à porter la peine de son crime. Le duc Arnebert fut chargé du soin de venger son prince outragé, et il poignarda de sa propre main, par l'ordre même de Clotaire, le jeune infortuné, dont le nom se trouve si tristement placé à côté de celui de la contrée qui fixe nos regards (1).

Ainsi, c'est au milieu de scènes de ravage ou sur un théâtre souillé par le meurtre, que nos yeux rencontrent, durant ces premiers temps, le nom d'une cité aujourd'hui si paisible. Poursuivons cependant notre course pénible à travers ces voies sanglantes. Le récit suivant, emprunté aux Annales de Grégoire de Tours et d'Aimoin, va nous montrer encore Étampes, triste témoin d'une grande bataille, que deux monarques Francks se livrèrent sur son territoire.

Après la mort de Childebert, ses états avaient été partagés entre ses deux fils, Théodebert et Thierri (Thioderick ou Theodorick). Brunehaut, leur aïeule, était parvenue à obtenir la tutelle de ces jeunes princes. Ce fut elle qui divisa leur succession, et donna à Thioderick le royaume de Bourgogne, dont les différens siéges étaient Orléans et Châlons-sur-Saône. Étampes et son territoire se trouvèrent, par suite de ce partage, sous la domination de ce dernier souverain. Mais l'union et la concorde étaient loin de régner entre ces fiers monarques, issus du sang de Clovis, qui s'efforçaient d'agrandir leurs domaines, et oubliaient les traités conclus entre eux, lorsque le vif dé-

(1) *Fredegarii scholastici chronic.* (Rec. des hist. de Fr.)

sir de commander à d'autres provinces s'emparait soudain de leur âme guerrière.

On voyait à cette époque, à la cour du roi Thioderick, un comte du palais, nommé Bertoald, homme sage et prudent, vaillant dans les combats, fidèle à la garde du prince (1). A cette même cour était aussi Protadius, romain de naissance, familier de la reine Brunehaut, qui l'avait comblé d'honneurs, et cherchait comment elle pourrait l'honorer encore. Dans ce dessein, cette reine cruelle engage le monarque son petit-fils, à faire périr Bertoald, afin d'établir Protadius à sa place, maire du palais. Le jeune Thioderick ne souilla point ses mains d'un pareil crime : mais par ses ordres, Bertoald fut éloigné de sa présence, et envoyé dans la Neustrie avec trois cents guerriers, pour y protéger les possessions de son maître. Aussitôt le roi Clotaire fait marcher contre lui son fils Mérovée et Landry, maire de son palais, à la tête d'une nombreuse armée. Bertoald, trop inférieur en forces pour soutenir un pareil choc, se retire en toute hâte dans la cité d'Orléans. Landry s'avance avec ses soldats jusqu'aux portes de la ville, et du pied de ses murailles, il provoque Bertoald au combat. Le guerrier lui répond du haut des remparts : « Entouré d'une armée nombreuse, « il te sied bien de défier celui qui n'a qu'un petit nombre « d'hommes! Mais si tu y consens, après que tes troupes « se seront écartées au loin, nous combattrons tous les deux « dans la plaine. Dieu seul sera notre juge. » Et comme Landry refusait le défi, Bertoald ajouta : « La crainte te

(1) Aimoin, liv. III.

« retient, je le vois : eh bien ! nos maîtres ne tarderont pas « à en venir aux mains ; alors, si tu le préfères, revêtus « l'un et l'autre d'habits d'écarlate, nous combattrons au « milieu de la mêlée ; là tu pourras éprouver ma lâcheté « et ta propre valeur. » Le cartel fut accepté, et par des sermens réciproques, les deux guerriers s'engagèrent à se mesurer bientôt sur le champ de bataille.

Or cette scène se passait sous les murs d'Orléans, le jour de la saint Martin (1) de l'an 612, et le jour de Noël de la même année, les armées de Clotaire et de Thioderick se trouvaient en présence aux portes d'Étampes. Ces deux princes marchant l'un contre l'autre, à la tête de nombreuses phalanges, se rencontrèrent sur les bords de la Juine, aux lieux mêmes où cette rivière, dans son paisible cours, se rapproche de l'enceinte de la ville. Alors ses habitans furent les tristes témoins de la bataille sanglante qui se livra sur ces bords. Ce récit comprend peu de lignes dans nos vieilles annales ; empressons-nous toutefois de recueillir fidèlement ces documens précieux, pour les consigner dans nos récits.

Le jour donc même de Noël, disent nos vieux historiens, Thioderick fit avancer son armée contre Clotaire, qui, de son côté, marchait vers son rival en grande diligence. Les deux monarques se rencontrèrent auprès d'Étampes, sur les bords de la Juine. Landry fit occuper par ses troupes la colline qui domine la ville du côté de l'occident, afin de combattre l'ennemi avec avantage, lorsqu'il s'avancerait

(1) *Ceste chose avint le jour d'une feste saint Martin.*
(Chroniques de Saint-Denis, liv. IV.)

dans le vallon. Mais comme le passage de la rivière était fort étroit, et que ce mouvement retardait trop long-temps la bataille, avant que l'armée entière de Thioderick l'eût traversée, le combat se trouva engagé. Cependant Bertoald s'élançant au plus fort de la mêlée, ne cessait de suivre les traces de Landry ; et l'appelant de son propre nom, il l'invitait à venir se mesurer avec lui, selon la parole qu'ils s'étaient donnée. Mais Landry refusait, et reculait peu à peu loin de sa présence, tandis que Bertoald cherchait parmi les combattans un glorieux trépas. L'infortuné avait appris la haine de Brunehaut contre lui, la perte de ses anciennes dignités, et la future élévation de Protadius, son trop heureux rival. Il jugeait donc qu'il valait mieux mourir avec honneur sur le champ de bataille, que de voir s'écouler le reste de ses jours dans la honte et le mépris. La mort qu'il appelait ne fut point sourde à sa voix. Après de brillans exploits, il tomba lui même, terrassé sous le poids de nombreux ennemis. Dans ce combat, Mérowig, fils de Clotaire, fut fait prisonnier ; l'armée de ce prince fut taillée en pièces ; et tandis que, suivi de Landry, il fuyait loin de ce théâtre de carnage, Thioderick vainqueur ramenait à Paris son armée triomphante (1).

(1) *Theodoricus... ipsâ die quâ incarnati Verbi Nativitas à cunctis fidelibus colitur, promovet exercitum et apud Stampas super fluvium Junna contra Chlotarium, qui haud segniùs parabat occurrere, aciem dirigit. Sed dùm arctus esset Junnæ fluminis transitus, antequàm totum Theodorici pertransiret agmen, initum est certamen. Inter confertissimas igitur, ac in mùtuam inhiantes perniciem phalanges, Bertoaldus nominatim Landericum vocitare, et ut secum juxta placitum congrederetur non cessabat provocare*, etc..... (Aimoni Monach. Floriac. de gestis

Tel est le récit fidèle de ce combat sanglant, livré aux premières années du septième siècle de notre ère, sous les murs d'Étampes. L'une ou l'autre des deux armées, pénétrant dans l'enceinte même de la ville, y laissa sans doute des traces funestes de son passage ; et ce grand conflit de troupes belliqueuses et rivales, ne dut point avoir lieu dans son voisinage sans être, pour ses anciens habitans, une source fatale de désordres et de calamités (1).

Mais détournons nos regards de ces scènes sanglantes,

Francorum, lib. III.) Voyez aussi Fredegarii scholastici chronicum. — Chroniques de Saint-Denis, liv. IV.

Le récit de Frédegaire ne s'accorde pas exactement avec celui d'Aimoin, sur le lieu de la bataille. Ainsi tandis qu'Aimoin le désigne par ces paroles : *auprès d'Étampes sur la rivière de Juine* (*apud Stampas, super fluvium Junnæ*), Frédegaire le fait connaître à son tour par celles-ci : *Stampas per fluvium Loa* (*Étampes sur la rivière de Louet*). Quoi qu'il en soit de ces deux versions, qui changent peu du reste le théâtre du combat, il n'est peut-être pas hors de propos de faire remarquer les expressions *flumen*, *fluvius*, qui désignent ici l'une ou l'autre de ces rivières. Ces mots sembleraient désigner des rivières importantes, bien différentes des ruisseaux qui ont conservé encore les noms de *Juine* et de *Louet*. On pourrait donc croire qu'ils étaient à cette époque bien plus considérables qu'aujourd'hui. Sans doute qu'alors des barques sillonnaient leur surface ; et l'on serait ainsi presque tenté de remonter jusqu'à ces temps reculés, pour trouver l'origine du nom de *port* donné aujourd'hui aux gracieuses promenades qui décorent une partie de leurs rivages.

(1) Quelques historiens ont rapporté qu'il périt en cette bataille plus de trente mille hommes. On trouve proche la ville d'Étampes un terrain désigné aujourd'hui encore par le nom de *champ des morts*, et que l'on croit avoir servi de lieu de sépulture aux nombreuses victimes de ce funeste combat.

et reportons-les sur des souvenirs moins pénibles et plus consolans. Il est pour chaque ville de la France une époque glorieuse qui doit trouver place dans ses annales : c'est celle où la lumière de la foi, dissipant les ténèbres épaisses du monde païen, vint briller dans son enceinte. Or, tandis que les monarques Francks, aux mœurs guerrières et barbares, s'efforçaient de soumettre à leur puissance les belles provinces de la Gaule, cette lumière vive et pure poursuivait à travers les peuples sa marche salutaire. A la voix puissante des apôtres du Christ, des contrées entières abandonnaient leurs erreurs; *adoraient ce qu'elles avaient brûlé, brûlaient ce qu'elles avaient adoré;* et le christianisme obtenait chaque jour de nouveaux triomphes. L'histoire n'a point fait connaître quel fut celui qui porta le premier aux habitans d'*Étampes-les-Vieilles,* les semences de la vérité. Quelques passages de l'histoire ecclésiastique peuvent seuls répandre un peu de jour sur ce sujet. Nous y lisons en effet qu'au troisième siècle de notre ère, saint Savinien, saint Potentien et saint Altin, furent envoyés de Rome dans les Gaules, et arrivèrent dans la ville de Sens. Victorin, Eodald et Sérotin, nobles enfans de cette cité, devinrent bientôt leurs zélés disciples, et partagèrent leurs travaux. Savinien, élu évêque de Sens, envoya quelques uns d'entre eux dans les contrées voisines pour y annoncer la foi. Altin et Eodald vinrent, dit-on, à Orléans, à Chartres; tandis que leurs compagnons, répandus en d'autres villes ou bourgades, s'efforçaient aussi d'arracher les habitans à leurs vieilles superstitions (1). Ceux de la vallée

(1) Voy. Tillemont, Hist. eccles., t. IV. Vies des Saints, par Godescard.

d'Étampes, qui se rencontra sur le passage de ces pieux messagers, ne durent point rester étrangers à leurs enseignemens; et si la ville qui s'élève aujourd'hui sur son territoire, était construite à cette époque, c'est à cet âge reculé qu'on peut faire remonter l'établissement du christianisme dans son sein (1).

Quand une ville ou une simple bourgade, renonçant au culte des idoles, embrasse la véritable foi, l'un de ses premiers soins doit être d'ériger un temple et un autel à la divinité qu'elle vient de reconnaître. Il en est ainsi sans doute lorsque nulle puissance humaine n'intervenant entre les pensées du cœur de l'homme et celles du Dieu qu'il adore, il demeure libre de manifester l'expression de ses croyances. Or, on sait combien cette liberté, droit sacré de la nature et de la conscience, fut longue et dure à acquérir pour les provinces des Gaules, sous la domination romaine. Le pouvoir des guerriers Francks se montra plus favorable au culte chrétien; mais quand l'un d'entre eux, le grand Clovis, vaincu par son épouse Chlotilde, eut fait asseoir le christianisme avec lui sur le pavois royal, ce fut alors surtout que le sol gaulois put se couvrir librement de temples consacrés au vrai Dieu, et se peupler de ses

(1) L'auteur des *Antiquités d'Étampes*, après avoir fait remarquer que les habitans de Chartres offraient déjà des sacrifices au vrai Dieu, sous le nom de *dieu inconnu*, et durent être ainsi plus faciles à convertir, ajoute ces paroles : — *De même ceux d'Estampes, qui avoient commerce avec eux, à cause de la proximité d'une ville à l'autre, et qui par conséquent n'estoient pas ignorans de leurs croyances, et peut estre y participoient, prestèrent facilement l'oreille aux premiers qui leur annoncèrent l'Evangile.* » (D. Basile Fleureau, p. 6.)

adorateurs. Une vieille tradition attribue au règne de ce monarque la fondation du premier temple chrétien qu'ait possédé la ville d'Étampes.

Durant le siècle qui venait de finir un homme s'était rencontré, dont la vie merveilleuse avait étonné les peuples, et porté son nom dans plus d'une contrée. D'abord valeureux soldat des légions romaines, il avait ensuite déposé les armes pour suivre la bannière du Christ. La Gaule l'avait reçu au nombre de ses enfans; et c'est à lui qu'il était réservé d'y achever la ruine de l'idolâtrie. Destructeur des temples païens et des arbres sacrés, fondateur de plusieurs monastères, évêque de Tours, il avait naguère disparu du monde, chargé d'ans et de vertus; et son tombeau, célèbre par ses miracles, attirait sur les bords de la Loire un nombreux concours de fidèles.

C'est sous l'invocation de cet illustre saint que la bourgade d'*Étampes-les-Vieilles* consacra son premier temple. Saint Martin de Tours devint dès lors le patron de ces lieux. Son souvenir s'y est perpétué à travers quatorze siècles; et lorsque le faubourg antique d'Étampes a perdu par degrés sa première appellation, c'est le nom même du digne évêque de Tours qu'il a voulu prendre, et qu'il conserve encore aujourd'hui (1).

(1) Saint Martin, évêque de Tours, naquit vers l'an 416 et mourut vers la fin du cinquième siècle. La tradition qui attribue au roi Clovis la fondation de l'église *Saint-Martin* d'Estampes-les-Vieilles, n'est appuyée sur aucun titre; mais on peut toujours croire qu'elle fut l'ouvrage de l'un de nos anciens rois. Elle avait un chapitre composé de douze chanoines et d'un abbé. Leurs prébendes, avec l'abbaye, furent concédées aux moines de Morigny, par le roi Philippe Ier.

L'église actuelle de Saint-Martin, construite sur les débris de l'ancienne, est, selon toute apparence, un monument de la première période du douzième siècle. Les divers caractères de son architecture, tels que ses fenêtres étroites et à plein cintre, la présence de l'ogive, les larges feuillages qui composent les chapiteaux, etc., ne permettent guère d'élever des doutes à cet égard. La concordance de cette époque avec celle où l'abbaye de Morigny devint maître de ce territoire, porterait à croire qu'elle fut l'ouvrage de ces religieux, peu de temps après leur prise en possession de leurs nouveaux domaines.

L'église Saint-Martin est, par sa forme, la plus parfaite et la plus régulière entre toutes celles d'Étampes. On trouve rarement de semblables édifices fondés ainsi d'un seul jet et nullement défigurés par les réparations. Celui dont nous parlons est construit selon la forme primitive, celle des anciennes basiliques. L'abside se trouve immédiatement après la croisée. Aucune chapelle ne figure dans les bas-côtés de la nef; mais ces bas-côtés se prolongent et circulent autour de l'abside pour donner accès à trois chapelles placées hors-d'œuvre, qui rayonnent derrière le chœur.

Le vieux clocher de l'église Saint-Martin menaçant ruine fut démoli au seizième siècle, et une tour fut élevée à la place aux frais communs des habitans. Elle est située à l'entrée de l'édifice, dont elle est séparée, mais assez rapprochée encore pour masquer entièrement la trace du portail. Au bas de cette tour, et sur trois de ses côtés, sont des niches en pierre, du seizième siècle, ornées de jolies sculptures. Cette lourde masse s'est affaissée, on ignore à quelle époque ; et aujourd'hui, penchée à l'instar de la tour de Pise, elle semble menacer à chaque instant le fidèle qui s'achemine vers le saint lieu.

Arrêtons-nous un moment encore sur les premiers siècles de notre histoire. Lorsque la rudesse et la grossièreté de ces âges barbares semblent précipiter nos pas, et les entraîner au plus tôt hors du cercle ténébreux et sanglant où s'agitaient les farouches conquérans de la terre gauloise, gardons-nous cependant de dédaigner la vue de semblables tableaux. J'aime à reposer la mienne sur ces nobles pavois, brillans berceaux de notre monarchie, où venaient fièrement s'asseoir de valeureux guerriers, intrépides chefs de tribus belliqueuses qui, saluant d'un œil d'envie le sol de nos aïeux, en appelaient à leur épée pour régner en maîtres sur ces fertiles bords. En portant mes regards dans le palais de ces monarques Francks, j'y découvre une jeune princesse espagnole, séduisante par sa beauté, son esprit et son courage. Telle était en effet la reine d'Austrasie, l'épouse de Sighebert, avant que la vengeance armant une main faite pour répandre des grâces, l'eût montrée rivale de Frédégonde, et l'eût rendue comme elle célèbre par ses crimes. C'est sur *Brunichilde* ou *Brunehaut* que va donc un instant se fixer notre attention. Cette souveraine n'est point étrangère aux lieux dont nous parlons. Une partie de leur enceinte porte encore son nom, et en conserve vivant l'antique souvenir (1).

Le territoire d'Étampes, ainsi que je l'ai indiqué plus

(1) Voir la note II, sur Brunehaut, à la fin du volume.

haut, était échu au roi Sighebert, dans le partage des états de Hérebert entre ses frères survivans. Une tradition rapporte que la reine Brunehaut, son épouse, affectionnait ce séjour, et qu'elle s'était plu à y construire une demeure. Durant long-temps l'œil a pu contempler au bout de la plaine *des Sablons*, à un mille environ de la porte d'Étampes, les débris d'un vieux bâtiment et les restes d'une antique tour dite communément *Tour de Brunehaut*.

Sur ce sol de royal souvenir rien ne rappelle aujourd'hui la présence de l'ancienne souveraine de ces lieux. Seulement on y trouve encore quelques fondations éparses sous terre, où des fouilles ont fait découvrir quantité de monnaies romaines au coin des premiers empereurs, quelques ustensiles en usage à cette époque, un petit Mercure en bronze et une statue en pierre de Priape accroupi, de deux pieds de hauteur (1). Ces découvertes porteraient à croire que ce lieu fut habité par les Romains avant qu'il devînt le séjour de la reine Brunehaut, et les constructions antiques, dont il recèle des traces, pourraient être ainsi leur ouvrage. Quelles que soient l'origine et l'âge de ces ruines, elles n'en doivent pas moins être vénérables à nos yeux. Mais peu importe aujourd'hui qu'elles soient l'œuvre des Romains ou de l'épouse d'un roi Franck. Ces ruines ont disparu à nos regards. Aussi quand le promeneur solitaire parcourt les rians jardins qui les ont remplacées, loin de s'enquérir de l'âge obscur du monument qu'il ne voit plus, il aime à contempler ces arbres majestueux plantés par le célèbre Le Nôtre, et les

(1) Voyez le *Jardiniste moderne*, par M. le vicomte de Viart, propriétaire du parc de Brunehaut.

ornemens de tout genre dont une main habile et un goût délicat ont décoré cet agréable séjour (1).

La présence de la reine Brunehaut ne dut point être stérile dans ces lieux ; mais si l'on songe au grand nombre d'églises ou de monastères qu'elle fit construire, on est facilement porté à croire qu'elle signala par quelques fondations pieuses son règne dans ces contrées. Ici la tradition vient encore à notre aide, et au défaut de preuves plus certaines nous offre son témoignage. Non loin de l'enceinte qu'habita jadis la reine d'Austrasie, on voyait autrefois une petite abbaye de religieuses détruite depuis plusieurs siècles, mais dont une simple chapelle, dédiée à saint Julien, martyr d'Antioche, a subsisté long-temps encore après la destruction du principal bâtiment. La voix de la tradition attribuait à Brunehaut la fondation de cette abbaye. Sa forme, sa structure témoignaient aussi de son antiquité, lorsque vers le milieu du dix-septième siècle quelques découvertes vinrent fortifier une opinion commune aux habitans de ces bords (2).

(1) Voir la note II, sur Brunehaut, à la fin du volume.

(2) Vers l'an 1648, des ouvriers, occupés à l'embellissement de la chapelle de Saint-Julien, découvrirent près du maître-autel un coffret de plomb. L'ouverture en ayant été faite devant Jean Hochereau, curé de Notre-Dame d'Étampes, de Nicolas Tyroüin, curé de Saint-Basile, et d'autres habitans, on y reconnut la présence de plusieurs reliques. On y lisait ces mots gravés : « *Hìc jacet caput sancti Juliani martyris, quod Severinus attulit de Antiochiâ civitate, temporibus Brunegildis reginæ.* » La découverte de ces reliques, qu'a possédées long-temps l'abbaye de Morigny, ne laissa plus douter que la reine Brunehaut n'eût fondé elle-même cette chapelle, et ne l'eût enrichie des restes de ces martyrs.

(Voyez Chronique de Morigny.)

C'est à cette même chapelle de Saint-Julien que la piété des peuples avait consacré un autre autel à un saint personnage dont la mémoire, long-temps révérée dans toute la contrée, s'y est perpétuée jusqu'à nos jours. L'ancien hameau de *Saint-Phallier,* voisin de ce lieu, lui avait emprunté son nom. Une hôtellerie isolée et quelques bâtimens ruraux, conservés encore, c'est le seul souvenir qui reste en ces lieux des bienfaits du bon ermite d'Aquitaine, qui rendait la santé aux petits enfans étiques, et réjouissait ainsi le cœur des pauvres mères, en donnant la force et la vie aux faibles êtres que leurs mains suppliantes venaient déposer à ses pieds.

Chapitre troisième.

Étampes sous Charlemagne et ses successeurs. — Pillage d'Étampes par les Normands.

Deux siècles s'étaient écoulés à peine depuis l'établissement des Francks dans les Gaules, et déjà l'on voyait les descendans des plus fiers monarques, reniant l'esprit guerrier de leurs pères, oublier dans les bras d'une molle indolence, et leur valeur ambitieuse et leurs brillans exploits. Jouissant en paix du fruit de leurs conquêtes, ils sommeillaient dans un lâche repos, au fond de leur palais; ils passaient tour à tour sur le trône sans porter eux-mêmes le sceptre, et léguaient à l'histoire des noms obscurs, auxquels, sans respect pour leur mémoire, elle ajoutait le titre de *rois fainéans*. Mais durant leur sommeil, des sujets puissans avaient veillé auprès d'eux. Les *maires du palais*, accroissant par degré leur autorité à l'ombre de leur insouciance, s'étaient élevés sur les marches du trône, et avaient pris les rênes de l'État. A la mort de Childéric III, l'un de ces faibles monarques, Pepin, dit *le Bref*, se crut assez fort pour faire donner le titre de roi à celui qui remplissait les fonctions royales. Il lui fut facile de briser ce dernier lien qui retenait encore la couronne sur la tête des enfans de Clovis; et la rattachant sur la sienne, il consomma ainsi la ruine de la dynastie Mérovingienne.

Nous venons d'aborder l'un des âges brillans de notre histoire. Le règne de Pepin et celui de son fils Charlemagne, apparaissent enfin comme une vive lumière à nos yeux fatigués de n'avoir découvert que de faibles lueurs de civilisation, en traversant les premiers temps de notre monarchie. Ces princes avaient saisi d'une main ferme le sceptre échappé de celles des enfans de Clovis. La fondation d'un nouvel empire d'Occident, due au génie de Charlemagne, avait fait luire sur la France une auréole de gloire qui la rendait la reine de toutes les nations. Mais lorsque nous lisons avec orgueil, dans nos vieilles annales, le récit de ses accroissemens et de ses conquêtes durant ces siècles éloignés, nos regards y cherchent en vain le nom de la ville d'Étampes mêlé au souvenir de tant de victoires. Nous n'en serons point surpris, si nous songeons que la plupart de ces gestes mémorables eurent pour théâtre des contrées peu voisines de celle dont nous étudions l'histoire. L'Allemagne, la Saxe, l'Italie, les Pyrénées, l'Aquitaine : tels furent les pays témoins des principaux faits d'armes de Charlemagne et de ses preux. La cité d'Étampes semble donc ici sommeiller en paix durant plusieurs siècles. Bientôt nous la retrouverons sous nos pas, quand nous parlerons des affreux ravages dont les farouches Normands vinrent affliger la France. Qu'elle repose en attendant tranquille et ignorée sur ses frais rivages, et ne nous plaignons point de son obscurité. Pour les villes, comme pour les nations et les individus, le silence de l'historien est quelquefois une preuve de leur félicité. Une brillante renommée n'est-elle pas trop souvent un pénible fardeau, acquis par bien des larmes et par bien des combats ?

On découvre cependant le nom du territoire d'Étampes dans quelques uns des actes émanés de Charlemagne, ou dans ses immortels Capitulaires ; lois bienfaisantes, données au milieu de l'assemblée des peuples, et que ce prince légua aux siècles à venir comme autant de monumens de sa sagesse. Il était juste qu'Étampes participât aux bienfaits de la législation dont ce génie puissant dotait la France. On sait que la création des *missi dominici*, ou envoyés royaux, chargés d'informer de la conduite des comtes et des juges, fut l'un des moyens dont il se servit pour exercer une surveillance efficace sur les délégués de son pouvoir, et faire triompher le principe monarchique. Or dans la distribution des provinces qu'il assignait en partage à ces envoyés, on voit quelquefois apparaître le nom du territoire d'Étampes. *Fradulfe, abbé de Saint-Denis*, et *Étienne, comte de Paris*, étaient les personnages qui, à divers intervalles, venaient dans son sein, chargés par le prince de la noble mission de recueillir les plaintes du pauvre peuple, et de remédier aux abus qu'ils pourraient découvrir (1).

Le territoire d'Etampes fut compris dans les états donnés par Charlemagne à son fils, Louis-le-Débonnaire; et il fit ensuite partie de ceux qui furent légués par ce dernier monarque à son fils puîné Charles-le-Chauve. Plusieurs diplômes de ces princes rappellent également le nom de cette contrée (2).

Mais tandis que la ville d'Étampes jouissait comme les autres des bienfaits dus au règne de Charlemagne ou à celui des premiers rois Carlovingiens, des bruits sinistres, venus des contrées du Nord, s'étaient fait entendre. Les forêts scandinaves se dépeuplant par degrés, vomissaient sur d'autres rivages leurs farouches enfans. Où allaient-ils ces fiers guerriers? Emigrant de leurs terres barbares, ils venaient dans des climats plus doux, poursuivans d'une gloire aventureuse, et s'efforçaient de planter leurs tentes sur des bords dont la fertilité avait séduit

(1) Baluze, Capitul., t. 1, p. 377. Dom Bouquet, t. 5, p. 661.

(2) *Nithardi Caroli magni nepotis de dissent. filior. Ludov. pii. dom Bouquet*, t. VII.—Dans un diplôme de l'an 828, Louis le pieux concède à un monastère de Saint-Maximin deux propriétés sises au territoire d'Étampes (*in Pago Stampensi villas duas*), et qu'avait possédées Chilpéric. Dans un autre de l'an 854, Charles-le-Chauve fait don à son *fidèle Vénilon* (*nostro fideli Weniloni*) de divers biens situés aux lieux dits *Aubeterre*, *Alba terra*, et *Bauterivillers*, *Bauterivillare*, dans le territoire d'Étampes. Enfin le même prince, dans une charte de l'an 872, donne à l'abbaye Saint-Germain-des-Prés, la terre de *Calau*, sise également au territoire d'Étampes.

(Voyez au *Rec. des hist. de Fr.*, *t.* VII, le texte de ces pièces.)

leurs avides regards. Voyez-vous leurs hordes innombrables remonter nos fleuves et s'abattre sur nos côtes, comme ces nuées d'insectes impurs qu'amène la tempête ?

La France, devenue leur proie, va périr sans retour, si l'astre propice qui veilla toujours sur elle ne vient ici encore dissiper l'orage menaçant.

Singulière destinée de la terre gauloise ! Subjuguée tour à tour par les Romains, par les Francks, elle avait vu les Visigoths, les Huns, les Sarrasins envahir successivement ses rivages, et chercher par de nombreux combats à y établir leur domination. De nouvelles tribus de nations étrangères vinrent encore, sous les fils de Charlemagne, se répandre sur cette terre. Ce sont les enfans d'Odin, les invincibles Normands. Plus tard, sous le règne des Valois, une contrée rivale jettera aussi sur elle, à travers son détroit, des regards d'envie, et pour la posséder fera les plus rudes efforts. Ainsi le sol de nos aïeux fut toujours l'objet de l'ambition d'avides conquérans. Mais aussi des bras puissans n'ont jamais manqué pour sa défense : et lorsque, interrogeant l'histoire, nous recherchons dans les siècles passés les malheurs de notre patrie, c'est toujours à travers des rayons de gloire que nous découvrons la trace de ses pleurs.

Les Normands, débarqués sur nos rivages, s'étaient répandus dans nos provinces comme un torrent dévastateur. L'effroi et le carnage suivaient partout leurs pas. Les peuples consternés voyaient leurs demeures incendiées, les villes et les bourgades changées en des monceaux de ruines; et sur les bords dépeuplés de la Seine et de la Loire, la terre était jonchée de cadavres et de débris (1).

Les historiens du temps rapportent qu'à l'approche de ces barbares, la foule épouvantée se précipitait dans les temples, et ne faisait entendre que ces paroles : *Délivrez-nous, Seigneur, de la fureur des Normands* (2). Un guerrier intrépide, Rou ou Rollon, était à leur tête; et par son exemple et ses discours, les entraînait comme une masse invincible au milieu des combats. Paris, assiégé par leurs nombreuses flottes, n'avait dû son salut qu'à la bravoure du vaillant Eudes et de l'évêque Gosselin. Étampes vit à son tour s'amonceler autour de son enceinte les hordes commandées par Rollon (911). L'aspect de la belle vallée que les eaux de la Juine arrosent, avait flatté leur vue, et l'on doit croire qu'ils n'épargnèrent rien pour s'en assurer la possession.

Au milieu de ces terribles calamités, quelques villes trouvaient par fois le moyen d'échapper aux ravages de la conquête. C'était surtout lorsque l'un de ces pasteurs des peuples à la voix desquels rien ne résistait, lorsqu'un évêque, vénérable par son âge et par ses vertus, s'en venait seul et sans armes aux portes de la ville menacée et demandait grâce pour ses malheureux habitans.

Une ville voisine d'Étampes, Chartres, vit ainsi, grâces au dévouement de son évêque Anthelme, échouer devant ses murs toute la fureur des féroces Normands (3).

(1) Voyez Mézeray. — Felibien. — Chron. de gestis Norm. in Franc., t. 2. — Chron. Fontanel, etc.

(2) *A furore Nortmanorum, libera nos, Domine.*

(3) Voyez Guillaume de Jumiéges, Histoire des Normands, liv. 2.

Mais de pareils secours ne furent point apportés aux habitans d'Étampes. L'infortunée ville, privée de tout appui, eut à subir les horreurs d'une affreuse dévastation. Rollon, l'intrépide chef de ces tribus errantes, pénétrant dans ses murs à la tête de farouches guerriers, présida lui-même au pillage de la cité et de tout son territoire. Les habitans, abattus et consternés, cédèrent facilement à leurs ennemis.

Nul roi, nul baron, disent les Chroniques, ne s'opposa à leur fureur; et l'heureux vainqueur fit un grand nombre de prisonniers (1).

Ainsi, à peine parvenue au commencement du dixième siècle, Étampes avait eu déjà, à deux époques différentes, un double ravage à subir. Mais ce pillage des Normands, comme celui dont cette ville fut affligée sous les rois Mérovingiens, n'est qu'indiqué dans nos annales. Ici encore, on regrette que l'historien ne nous ait pas transmis de plus amples détails sur un si triste événement. Cependant si, en rappelant le premier de ces désastres, nous avons préjugé, par le souvenir des mœurs barbares des monarques Francks,

(1) Stampas equidem adiens, (Rollo) totam terram adjacentem perdidit, quamplurimos captivavit. (Guillaume de Jumiéges, liv. 2.)

Robert Wace, auteur du roman de *Rou* ou *Histoire de Rollon rimée*, s'exprime ainsi, après avoir raconté les ravages des Normands dans le Gâtinais :

Moult par ce Gastineiz et destruit et robé,
Estampes ont destruite, et le bourg ont gasté.
Et toute la terre mise en chetivité,
Ni a Roi ne Baron, qui li ait destorbé.
D'Estampes torna Rou vers Vilumez tout droit.

(Manuscrit de la Bibliothèque royale.)

qu'il dut être terrible, plein de sang et de larmes; combien, à plus forte raison, cette seconde ruine par les féroces enfans d'Odin, plus barbares que les fils de Clovis, dut-elle être accompagnée d'infortunes et de pleurs!

Étampes languissait depuis près d'un siècle, se relevant par degrés de ses ruines et réparant de son mieux les suites de tant de malheurs. Durant cet intervalle, des événemens importans s'étaient passés dans le cœur du royaume. Des faibles mains des descendans de Charlemagne était déjà tombé le sceptre de l'empire d'Occident: le propre héritage de leurs aïeux allait aussi être enlevé à leur puissance. Des seigneurs, naguère vassaux du prince, fesant subir aux descendans de Pepin la loi qu'il avait imposée lui-même aux derniers Mérovingiens, avaient accru leur force de chaque débris d'autorité échappé des mains royales. Rendant héréditaire dans leurs familles le pouvoir dont le souverain leur avait confié la jouissance, ils avaient secoué un joug onéreux, et s'étaient déclarés indépendans. L'un d'eux, fils de Hugues-le-Grand, petit-fils de Eudes, était devenu plus puissant que le roi lui-même. C'était Hugues Capet, comte de Paris, qui s'assit sans combattre sur le trône de France. Son fils Robert fut l'héritier de sa couronne. C'est sous le règne de ce dernier prince que nous allons voir Étampes oublier ses malheurs, sortir de l'oubli, s'accroître d'une ville nouvelle et relever enfin fièrement la tête, comme pour saluer le pieux monarque, qui, charmé des agrémens de son enceinte, viendra souvent y fixer son séjour.

Chapitre quatrième.

Robert-le-Pieux. — Son séjour à Étampes. — Palais, Châtel. — Tour dite de *Guinette*.

Il est souvent, dans les annales des villes comme dans celles de la plupart des peuples, une époque glorieuse, que chacun de leurs habitans environne d'un religieux respect. C'est celle où, sortant de l'obscurité dont elles furent couvertes jusqu'alors, elles apparaissent au jour, et commencent à jouer sur la scène du monde un rôle important, auquel peut-être plus d'une d'elles n'aurait osé prétendre. Ne pourrait-on pas dire que le règne du bon roi Robert, fils de Hugues Capet, fut pour la ville d'Étampes cette époque heureuse, qui sembla ouvrir pour elle une ère nouvelle de gloire et de prospérité? Ce pieux monarque, cherchant aux alentours de sa capitale un lieu propre à venir s'y délasser des fatigues de la royauté, arrêta sa vue sur le gracieux vallon arrosé par les eaux de la Juine. Sa présence habituelle sur ces bords, les dota de bienfaits, et donna enfin quelque peu de célébrité à des lieux demeurés jusqu'à lui presque inconnus dans notre histoire. Reposons donc nos regards avec complaisance sur le règne de ce prince. Ce n'est plus à travers des scènes de pillage ou des guerres sanglantes, que nous suivrons désormais les traces de l'accroissement d'Étampes. Notre tâche devient plus douce et plus facile, en abordant de nouveaux récits où de brillans souvenirs font disparaître entièrement les vestiges de ses malheurs.

La nature s'était plue à répandre ses dons sur le jeune Robert. Elle avait favorisé ce noble héritier du trône d'une taille majestueuse, d'une belle figure, et de toutes les grâces qui séduisent et captivent les cœurs; la France jouissait sous son règne d'un repos auquel elle n'était guère accoutumée. Mais lorsqu'il s'appliquait de tout son pouvoir à la félicité de son peuple, ce bon prince eut à éprouver lui-même de rudes infortunes. Il avait épousé Berthe, sa parente, à un degré prohibé par l'Eglise. Résistant aux menaces du pape Grégoire V, qui exigeait une cruelle séparation, il fut excommunié par le souverain pontife; et le monde vit alors pour la première fois le spectacle d'un royaume mis en interdit. Les larmes du pauvre peuple émurent bientôt le cœur sensible de Robert. Il sacrifia son amour au bonheur de ses sujets. Berthe quitta la cour; et la reine Constance, fille de Guillaume comte d'Arles, vint s'asseoir à sa place sur le trône de France (998).

Ce fut peu de temps après son mariage avec cette princesse, que Robert fit d'Étampes l'une de ses résidences royales. Un ancien auteur, contemporain et digne ami de ce monarque, a donné dans la chronique de sa vie quelques détails sur son séjour dans cette contrée. Nous aimons à rapporter ces naïfs récits.

« — La reine Constance, dit Helgaud, avait fait con-
« struire à Étampes-le-Châtel, un *noble* palais, avec un
« oratoire. Le roi, charmé de cette nouvelle habitation,
« vint un jour plein de joie s'y reposer, et y prendre son
« repas avec les siens. Il ordonna qu'on laissât sa maison
« se remplir de pauvres. Un d'entre eux s'étant placé à ses
« pieds, le bon Robert voulut bien le nourrir lui-même,
« en lui passant des vivres sous la table. Cependant celui-
« ci, ne s'oubliant pas, fixait d'un œil avide un ornement
« de la valeur de six onces d'or, qui pendait aux genoux
« de son maître; il le détache enfin avec un couteau et
« prend aussitôt la fuite. Lorsque la foule des pauvres se
« fut retirée, la reine Constance voyant son seigneur dé-
« pouillé, se troubla et se laissa emporter contre le *Saint*
« à des paroles empreintes de *peu de constance : — Hé,*
« *bon seigneur, quel est l'ennemi de Dieu qui a dés-*
« *honoré votre robe d'or? — Moi?* répondit Robert;
« *personne ne m'a déshonoré : cet or était sans doute*
« *plus nécessaire à celui qui l'a pris qu'à moi, et,*
« *Dieu aidant, il lui profitera.* Le roi ayant ainsi
« calmé l'orage se retira joyeux dans son oratoire. Avec

« lui étaient alors Guillaume, abbé de Dijon, le comte « Eudes, et bon nombre de notables seigneurs fran- « çais (1). »

Le *noble* palais, ouvrage de la reine Constance, construit dans la nouvelle ville, dite *Étampes-le-Châtel*, fut nommé le *palais des quatre tours*, à cause des tourelles qui ornaient les quatre coins de son enceinte. Quelquefois aussi il était appelé le *séjour*. Il se composait de plusieurs vastes bâtimens, bordés de jardins, et garnis d'immenses caves ou greniers, pour recevoir les vins et les blés du monarque, provenant des nombreuses vignes et terres qu'il possédait dans le territoire d'Étampes. Ces

(1) Stampis castro Regina Constantia palatium construxerat nobile, simul cum oratorio. Quo delectatus rex ad prandendum cum suis lætus assedit, impleri domum sanctis pauperibus jussit. Inter quos ad pedes ejus unus se collocans, ab eo sub mensâ saliatus est; qui non obliviosus factus, ornamentum, quod erat in sex unciis auri dependens à genibus, et quod nos linguâ rusticâ *labellos* vocamus, ipso conspiciente, cultello diripit, quantocius discessurus. Liberata vacuatur domus à pauperum catervâ, imperat longè à se expelli, qui jam satiati fuerant carnium esu simul et poculo. Cùmque surgerunt à mensâ, aspicit Regina dominum suum fraudatum gloriâ. Et turbata contra sanctum Dei, non constantia protulit verba : *Heu, senior bone! quis inimicorum Dei vos aureo vestitu deturpavit honesto? — Me?* inquit, *aliquis non deturpavit; sed illi qui abstulit necessarium magis quam nobis, volente Deo, proficiet.* Sedatis his vocibus, collocat se in oratorio rex Dei dono, lætificans se de suo perdito, et de suæ conjugis dicto; adstantibus ibi domino Guillielmo Divionensium abbate, simul et Odone comite et non minimis francorum primoribus.

(Helgaldi Epit. Vitæ Roberti regis.—Rec. des hist. de Fr., t. IX.)

bâtimens étaient surmontés d'une haute tour en pierre, d'où la vue pouvait s'étendre au loin dans la vallée environnante (1).

C'est dans ce palais d'Étampes que vinrent habiter tour à tour le roi Robert, Philippe Ier, Louis-le-Gros, Louis VII, la reine Blanche et d'autres monarques charmés aussi des agrémens de ce séjour. L'histoire, en conservant plusieurs diplômes de ces princes, datés du *palais d'Étampes*, a laissé des traces certaines de leur résidence dans cette contrée. Parmi ces actes, la majeure partie énonce des priviléges concédés aux habitans d'Étampes : le roi Robert, en fixant sa demeure dans cette ville, et lui donnant ainsi quelque importance, avait ouvert pour elle une source nouvelle de bienfaits, et ses successeurs imitèrent son exemple.

Avant le milieu du dix-septième siècle, on voyait encore à l'extrémité de la ville d'Étampes, du côté de Paris, et sur une colline qui domine toute la vallée, de nombreux débris d'un vaste château-fort, que plus d'un siége avait déjà ébranlé. Le dernier qu'il eut à subir, l'an 1652, par l'armée du roi sous les ordres de Turenne, fut suivi de sa ruine totale. Depuis cette époque, une énorme tour isolée, percée de nombreuses crevasses, est restée seule

(1) L'antique palais de la reine Constance subsiste encore aujourd'hui, mais dans un état bien différent de ce qu'il était jadis. La principale partie de ses bâtimens fut destinée à l'exercice de la justice, par Claude de France, femme du roi François Ier, et comtesse d'Étampes. C'est à cet usage qu'il est consacré de nos jours. Des traces d'une ancienne chapelle ou oratoire s'y laissent encore apercevoir.

dans ces lieux comme pour en rappeler le souvenir. Or, c'est aussi au roi Robert qu'est attribuée la construction du *Châtel* d'Étampes. Les historiens contemporains de ce prince ne font point, il est vrai, une mention expresse de cette construction; mais cette opinion, appuyée sur une tradition ancienne, se déduit aussi d'une manière indirecte des propres paroles de ces mêmes historiens. Le chroniqueur Helgaud, faisant le récit des fondations de la reine Constance ou de Robert à Étampes, désigne toujours par ces mots : *Étampes-le-Châtel* (*Stampis Castro*), la partie de la ville où ces différens édifices furent élevés. On doit en conclure que, du vivant même du roi Robert, un nouveau quartier de la ville avait reçu le nom d'*Étampes-le-Châtel*, et que ce nom lui avait été donné par suite de la construction sur son territoire d'une vaste forteresse. Avant le règne de ce prince, on ne trouve dans l'histoire aucune trace du *Châtel* d'Étampes, ni rien qui rappelle le souvenir de la nouvelle ville. On ne peut donc guères hésiter à reconnaître dans le monarque qui le premier vint fixer sa demeure sur ces bords et les orna de plusieurs édifices, le fondateur de ce monument. De nombreux seigneurs de sa suite étant venus habiter avec lui au sein de la même vallée, y construisirent à leur tour de nouveaux manoirs aux environs de son palais; et c'est ainsi sans doute que se forma une nouvelle enceinte à laquelle sa proximité de la colline où s'élevait le château fit donner le nom d'*Étampes-le-Châtel* (1).

Nous voudrions pouvoir offrir ici une description

(1) Voir Mémoires de du Tillet.

exacte de ce colossal édifice, dont plus d'une fois dans le cours de cet ouvrage nous aurons l'occasion de redire la gloire ou les malheurs. Mais lorsque le temps ou la main des hommes, passant sur ce monument antique, n'en ont laissé que de faibles débris, comment retrouver au milieu de leurs ravages les traces de son ancienne splendeur? Aucun écrivain du moyen âge n'a pris soin de le décrire, alors que debout encore sur sa colline, il dominait et défendait la vallée tout entière. On peut cependant, à l'aide des indications géométriques de ses principaux bâtimens, fournies par un document historique que le temps nous a conservé, se former quelque idée de la construction et de l'aspect de l'ancien château d'Étampes (1). C'est d'après cette pièce importante que le P. Fleureau, dans son ouvrage sur les antiquités de cette ville, en a donné à son tour une description. Nous la rapporterons ici presque fidèlement, en essayant toutefois de rajeunir et de rendre plus clair le style vieilli et embarrassé de son ancien auteur.

Le château d'Étampes, situé au bout de la ville du côté de Paris, sur une éminence d'où il dominait tout le vallon, était environné de fossés; on découvrait d'abord un gros pavillon de quatre toises de hauteur et de seize pieds et demi de large, servant de porte d'entrée. Il y avait trois grands corps de logis : l'un de neuf toises de hauteur et de quatre de large, au bas duquel était, au rez-de-chaussée, une chapelle dédiée à saint Laurent,

(1) Voir Extrait d'un procès-verbal de l'évaluation des domaines du duché d'Étampes, fait au mois de ju n 1543, fol. 52.

martyr; le second bâtiment avait treize toises et demi de hauteur et trois et demi de largeur; enfin, le troisième, haut de huit toises, en avait cinq de largeur. Ces divers corps de logis étaient accompagnés de trois grands escaliers couverts en pavillon, et de plusieurs petits bâtimens servant de dépendances. Sur le haut s'étendait une belle galerie de douze toises de longueur sur deux de large, d'où l'on découvrait la ville entière. Un escalier particulier y conduisait, et elle se terminait par une vaste plate-forme garnie de gros murs. Il y avait en outre trois tourelles sur le devant avec des contre-piliers. Cette plate-forme servait de point de batterie pour la défense du château; c'était aussi un lieu agréable, d'où les yeux se promenaient avec plaisir sur la ville, les prairies voisines et toute la vallée. Au centre de tous ces édifices s'élevait une énorme tour de vingt-et-une toises de hauteur sur quatorze de large, dans laquelle était un puits de vingt-cinq toises de profondeur. Auprès de cette tour s'en trouvait une autre servant de donjon et faite en forme de rose à quatre feuilles; elle avait quarante toises de circonférence et vingt de hauteur; ses murs avaient douze pieds d'épaisseur. Dans son sein était un escalier en forme de pied droit pour monter à son sommet sur lequel s'élevait une tourelle ou guérite qui servait à surveiller les avenues et les environs du château. Tous ces édifices étaient revêtus d'ardoise et de plomb, et décorés de roses, de fleurons et autres ornemens. Il ne reste aujourd'hui qu'une partie de la tour ou donjon.

Le plan de cette tour, dite tour de *Guinette,* « est « extraordinaire et se compose de quatre sections de

Lith. Formentin & Cie.

TOUR DE GUINETTE.

« cercle qui, dans leur élévation, présentent les formes de
« quatre tours rondes, réunies et engagées les unes dans
« les autres. L'intérieur offre un plan circulaire; l'espace
« qui se trouve entre ce plan intérieur et celui de quatre
« portions de tour qui se voient à l'extérieur, est occupé
« par quelques pièces de dégagement qui sont éclairées
« par de petites fenêtres. Cette tour était fort élevée. »
« (Dulaure, *Histoire des environs de Paris*, t. VII).

Quant à l'étymologie du nom *Tour de Guinette*, ce n'est qu'à l'aide de conjectures plus ou moins probables, qu'on peut espérer de la découvrir. Un tel sujet a exercé la sagacité de quelques habitans de ces lieux; l'un d'entre eux, après de laborieuses recherches, cédant trop facilement sans doute au désir de trouver dans les siècles les plus reculés quelques traces de l'origine de l'antique château d'Étampes, a cru le voir déjà célèbre au temps des premiers gaulois, nos aïeux. Dans son opinion, le sol d'Étampes ne serait autre que celui de l'*Agendicum* des Romains, dont il est si souvent fait mention dans les Commentaires de César. S'appuyant donc sur certains passages du même ouvrage, relatifs à un ancien temple des Druides, sis dans le voisinage des villes Agendicum et Carnutum (Sens et Chartres), et dont le conquérant des Gaules aurait fait une forteresse, notre antiquaire croit rencontrer les vestiges de cet édifice dans les ruines du castel même d'Etampes. C'est dans son enceinte qu'aurait eu lieu chaque année la consécration solennelle du *Gui* par les prêtres gaulois, et le nom de *Guinette* aurait ainsi été donné à une partie du bâtiment destinée plus spécialement sans doute à cette cérémonie. Mais dans ces débris d'un château fort, dont tout nous porte à fixer la fondation au temps du roi Robert, comment reconnaître des traces d'un monument druidique ? Loin de s'élever sur des collines, ces mystérieux asiles, formés par de sombres cavernes cachées au fond des bois, tels qu'il s'en trouve encore quelques vestiges sur le sol de notre France, étaient des réduits presque impénétrables. Mais c'est déjà s'arrêter trop long-temps sur une supposition erronée, aussi gratuite que bizarre et singulière.

Sans remonter à des âges aussi reculés, peut-être devrait-on croire que le nom de *Guinette* dérive de celui du seigneur *Gui*, fils de Hugues du Puiset et vicomte d'Étampes, sous le règne de Louis-le-Gros. Mais l'opinion la plus probable et que nous adoptons de préférence, est celle qui trouve dans le mot *guinette* une corruption du vieux mot français *guignier* (voir de loin, observer). Cette étymologie paraît d'autant plus juste, que cette tour, bien plus élevée autrefois qu'elle ne l'est aujourd'hui, servait de donjon ou de point de mire pour surveiller, en temps de guerre, les dispositions de l'ennemi et donner l'éveil aux troupes du castel au moment de son approche (1).

La sombre enceinte du château d'Étampes servit plus d'une fois la vengeance des princes, quand, après une victoire, ils voulurent enchaîner les mains coupables qui avaient osé attenter aux droits de leur couronne. Là furent enfermés sous bonne escorte, Humbault, seigneur

(1) Voir à la fin du volume la note III, sur le château d'Étampes et la tour de *Guinette*.

de Sainte-Sévère, au pays du Limousin (1), le comte de Glocester, vaincu par les armes de Philippe-Auguste, Jean Britaut, chevalier, et sans doute aussi bon nombre d'autres seigneurs dont l'histoire n'a point conservé les noms. Pourquoi faut-il qu'au souvenir des guerriers, ennemis de la France ou de leur roi, dont ces murs furent la prison, vienne se mêler celui d'une illustre princesse, belle autant qu'innocente, et vertueuse autant qu'infortunée! Mais bien que la dure captivité de la reine Ingelburge semble devoir imprimer à ce château un caractère sombre de terreur et d'effroi, on sent à son approche d'autres pensées s'offrir à l'esprit. Plusieurs siéges importans soutenus depuis avec vigueur, et de nobles faits d'armes, ont fait presque oublier les royales douleurs dont ces lieux furent les témoins.

Mais n'anticipons point sur des événemens qui trouveront place à leur tour dans la suite de cet ouvrage. Après avoir parlé de quelques-uns des monumens dus au règne du roi Robert, poursuivons notre tâche sur le même terrain, et montrons par quels autres édifices il signala sa piété et sa munificence en faveur de la ville qui avait accueilli, joyeuse, cet hôte royal dans ses murs.

(1) Vita Sugerii. — Chroniques de Saint-Denis.

Chapitre cinquième.

Suite du règne de Robert. — Description de l'église Notre-Dame d'Étampes. — Détails sur l'architecture de divers autres monumens. — Quelques souvenirs du roi Robert.

A l'avénement de Robert au trône, le monde chrétien était dans l'attente de cette heure solennelle qui devait clôre la série des siècles écoulés. C'était en effet une croyance universelle au moyen âge, que le monde devait finir avec l'an 1000 de l'incarnation (1). « Avant le chris- « tianisme, dit M. Michelet, les Étrusques aussi avaient

(1) Voyez une foule de chartes de cette époque, commençant toutes par l'une de ces formules : *Mundi termino appropinquante; fine sæculi imminente*, ou d'autres semblables.

« fixé leur terme à dix siècles, et la prédiction s'était « accomplie. Le christianisme, passager sur cette terre, « hôte exilé du ciel, devait adopter aisément ces croyan- « ces (1). » Les calamités effroyables qui précédèrent ou suivirent de près l'an 1000, avaient accru dans les esprits cette sombre et mystérieuse attente. Le cours des saisons semblait être interverti, et d'horribles fléaux venaient affliger la terre, comme des signes certains de sa décadence et de sa prochaine destruction (2).

C'est au milieu de cette époque si critique que parut le bon roi Robert. L'an 1000 s'écoula enfin sous son règne, sans que le soleil suspendît sa marche, et sans que la voix de l'ange appelât les hommes au dernier jugement. « Il « sembla que la colère divine fût désarmée par cet homme « simple, en qui s'était comme incarnée la paix de Dieu. « L'humanité se rassura et espéra durer encore un peu; elle « vit, comme Ezéchias, que le Seigneur voulait bien « ajouter à ses jours. Elle se leva de son agonie, se remit « à vivre, à travailler, à bâtir; à bâtir d'abord les églises « de Dieu (3). » Alors on vit à une morne stupeur succéder une activité extraordinaire. Quelques années s'étaient écoulées à peine depuis l'époque fatale, et déjà dans le

(1) Hist. de France, t. II.

(2) An 987, grande famine et épidémie. — 989, grande famine. — 990-994, famine et mal des *ardens*. — 1001, grande famine, etc. On peut lire dans nos vieux historiens les récits affreux des souffrances du peuple durant ces années de détresse et de calamités. — Voy. Rad. Glaber. — Chronic. Ademari Cabannens. — Chronic. Virdunense, etc.

(3) Michelet, Hist. de France, t. II.

monde presque entier, mais surtout en Italie et dans les Gaules, les basiliques avaient été renouvelées. Les peuples chrétiens rivalisaient entre eux à qui élèverait les plus magnifiques. « On eût dit, ajoute une chronique, que « le monde se secouait lui-même, et qu'ayant dépouillé « sa vieillesse, il revêtait partout la robe blanche des « églises (1). »

Le roi Robert seconda de tous ses efforts cet élan religieux des peuples. C'est à son zèle et à sa piété qu'est due la construction de plusieurs de ces temples splendides qui ornent aujourd'hui encore la surface de la France (2).

La ville d'Étampes, l'une des résidences royales de Robert, ne devait point demeurer étrangère à ce genre de bienfaits. L'historien Helgaud nous apprend que ce pieux monarque fit bâtir, dans Étampes-le-Châtel, une église sous l'invocation de la vierge Marie (3).

Elle fut élevée sur les ruines d'une petite chapelle, consacrée autrefois sous l'invocation de saint Serin. C'est cette belle église de Notre-Dame, qui fait aujourd'hui encore le principal ornement de notre ville. Sise non loin de l'ancien palais des rois, et comme au centre d'Étampes-le-Châtel, elle prit dans la suite le nom de *Notre-Dame-du-Fort*; des murs crénelés, qui environnent encore la partie inférieure du clocher, témoignent de ses anciennes fortifications. Le voisinage de cet édifice des autres fon-

(1) « .....Erat enim instar ac si mundus ipse excutiendo semet, rejectâ vetustate, passim candidam ecclesiarum vestam indueret. »
(Glaber, l. III, ch. 4, apud Scr. fr. X, 29.)

(2) Helgaud, Vie de Robert.

(3) Voir Helgaud., Vita Roberti.

dations du roi Robert, et les souterrains qui joignaient le palais au château, où la cour, dit-on, se retirait souvent aux approches de la nuit pour éviter les surprises de l'ennemi, semblent nous révéler dans ces trois monumens un seul et vaste système de constructions qu'on ne peut guère séparer. Lorsque deux d'entre eux, détruits ou mutilés, ne présentent que peu de traces de leur ancienne splendeur, le troisième, l'église de Notre-Dame, est debout encore, bien qu'elle ait eu aussi à souffrir des injures du temps et de la main des hommes. Sur lui, nous arrêterons donc plus long-temps nos regards, et nous essaierons de faire connaître avec quelque détail les principales beautés de son architecture.

L'église collégiale de Notre-Dame d'Étampes mérite d'être rangée au nombre des monumens historiques les plus remarquables et les plus antiques de la France. Cet édifice, si voisin de la capitale, n'est point assez connu; puisse la courte description qui va suivre, faire porter les yeux sur lui, et engager quelque habile antiquaire à lui consacrer une étude spéciale, pour en dévoiler tous les mystérieux trésors!

L'aspect extérieur de ce monument annonce déjà toute son ancienneté. La tour du clocher et sa flèche octogone, entourée à sa base de quatre clochetons percés à jour, sont d'une forme élégante et légère. Les réparations successives que le temps a nécessitées, ont défiguré quelques parties de la façade ; d'autres sont restées mutilées par des mains ennemies; ces deux causes réunies concourent à diminuer l'agrément que sa vue devrait offrir à l'artiste. Une des singularités extérieures de cet édifice, c'est qu'il est

Lith. Formentin & Cie.

NOTRE-DAME D'ETAMPES.

couronné, comme l'église de l'abbaye royale de Saint-Denis, près Paris, d'un rang de créneaux, ce qui lui donne un air de forteresse. Cette partie de l'édifice, toute militaire dans ses formes, fut ajoutée au treizième ou quatorzième siècle, lors des guerres contre les Anglais. Le portail principal est simple, et mérite peu de fixer notre attention. Mais il n'en est point ainsi d'un portail latéral, ouvert sur la place du marché; c'est l'un des objets les plus curieux de tout le monument, et je dois me garder de le passer sous silence. Ce portail, construit en ogive, appartient au commencement du XIIIe siècle. On y trouve des chapiteaux uniques dans leur genre; au lieu de feuilles, de rinceaux, ou de têtes de chimères, ils présentent des scènes entières du Nouveau Testament sculptées avec beaucoup d'art. Ainsi à droite, nous voyons *l'Annonciation, la naissance de Jésus-Christ, la fuite en Égypte*, etc., à gauche, c'est *la présentation au temple, la tentation de Jésus sur la montagne*, etc. En ôtant l'épaisse poussière ramassée sur ces beaux chapiteaux, M. Daniel Ramée, jeune et savant architecte, qui vint visiter cette église durant l'automne 1835, découvrit des peintures aussi fraîches que si elles venaient d'être appliquées (1). Les petites figurines de ces sculptures ont une délicatesse et un fini qui permettent de voir en elles l'ouvrage de très habiles mains. Au-dessous de ces chapiteaux, et à chacun

(1) M. Daniel Ramée, l'auteur des quatre planches renfermées dans cet ouvrage, a bien voulu me communiquer ses notes sur l'église de Notre-Dame d'Étampes: c'est donc à lui que je suis redevable d'une partie des détails consignés ici sur cet intéressant monument.

des deux côtés de la porte, on aperçoit trois grands personnages sculptés sur la pierre, et revêtus de longues robes. L'un d'eux, qui tient dans ses mains les tables de la loi, est sans doute Moïse : un autre qui porte une verge, est peut-être Aaron. Les autres ne portent aucun emblème qui puisse les faire reconnaître. Ces grossiers simulacres, tous mutilés par le haut, sont chacun surmontés d'un de ces baldaquins élégans dont le double but était d'honorer de pieuses images et de les préserver des injures du temps. Dans la partie supérieure du portail, et dans l'enceinte enfoncée du demi-cercle qui domine l'entrée, on voit environ trente autres personnages sculptés et vêtus de robes également, tous assis et tenant en main des lyres, ou autres instrumens à cordes. Il est difficile de donner l'explication certaine d'un tel sujet; peut-être a-t-on voulu représenter une image des concerts du ciel : mais serait-il trop téméraire de croire que l'artiste a voulu plutôt consacrer ici le souvenir du célèbre concile national tenu à Étampes sous le règne de Louis-le-Gros ? Ce concile, dont nous parlerons ailleurs avec détail, est un événement important du moyen âge. Ce fut, selon toute apparence, dans l'église de Notre-Dame, que se tint cette mémorable assemblée. Pourquoi donc n'aurait-on point cherché à en perpétuer la mémoire, en gravant l'image d'une réunion d'hommes occupés à chanter les louanges de Dieu, sur le fronton de ce même édifice où tout l'épiscopat des Gaules avait aussi, par des actes de justice et de sagesse, célébré la gloire de l'Éternel (1) ?

(1) Voir au chapitre VIII de cet ouvrage l'histoire de ce concile.

Nous nous sommes long-temps arrêtés sur le seuil du temple; pénétrons maintenant dans son enceinte. Ce qu'elle présente de plus remarquable sont les variétés nombreuses de son architecture. On trouve ici réunis tous les genres de style qui ont caractérisé l'art aux diverses époques de notre histoire : le style roman, le style en ogive, celui enfin de la renaissance. On doit en conclure que l'église de Notre-Dame d'Etampes, demeurée inachevée au temps de son premier fondateur, fut en d'autres siècles tour à tour agrandie, réparée, en même temps qu'elle était décorée des ornemens conformes au goût des différens âges. La nef principale, d'un aspect un peu lourd et massif, est sans contredit, avec le clocher et les deux collatéraux, la partie la plus ancienne et la portion primitive de l'église. Comme nous l'avons dit ailleurs, elle date du règne du roi Robert, au commencement du XIe siècle. Cette nef n'a que deux travées, dont l'architecture est romane. Les colonnes sont grosses, courtes, peu élégantes, mais les chapiteaux qui les couronnent sont fort caractéristiques, quoique peu élevés et aplatis sur eux-mêmes. Quelques-uns sont ornés de figures bizarres et symboliques. Les feuilles dont ils se composent représentent une végétation exotique, la plupart des plantes grasses. Leur simplicité annonce que la peinture devait venir en aide à la sculpture, afin de produire cette richesse et cette magnifience que nous admirons dans l'architecture polychrôme de quelques édifices d'Allemagne et d'Italie. Aussi découvre-t-on sous l'épais badigeon qui recouvre ces chapiteaux, des vestiges, quoique rares, de couleurs brillantes et bien conservées. Il suffit d'enlever avec un outil cette désespérante croûte pour découvrir l'azur, le vermillon, le sinople et l'or qui rendaient les édifices sacrés si riches et si éblouissans aux XIe, XIIe et XIIIe siècles, époques si religieuses et si grandes en toutes choses.

On doit ranger aussi au nombre des objets les plus antiques le bénitier en marbre, ou espèce de granit noir, en forme de chapiteau renversé, qui se trouve à droite à l'entrée de l'église par le portail méridional. On y aperçoit des fleurs de lys dont la forme remonte vers les premières années du XIe siècle.

La totalité du chœur et les croisées appartiennent, par leur style et celui des ornemens, à la seconde période du XIIe siècle. Aussi les colonnes sont-elles annelées et d'une architecture élégante, selon le goût de cette époque. Elles sont toutes, ainsi que les colonnettes, d'un diamètre petit en apparence, vu leur grande élévation. Mais ce défaut de proportion leur donne un aspect de légèreté et de délicatesse qui distingue d'une manière toute particulière l'église de Notre-Dame d'Étampes. Il est à regretter que la terminaison du chœur ait été mutilée. Ainsi au lieu d'une jolie abside circulaire, flanquée de chaque côté de chapelles mystérieuses, éclairées par un demi-jour, on aperçoit une grande fenêtre qui coupe carrément l'extrémité orientale du chœur. A droite de cette partie de l'enceinte sont deux jolies rosaces, placées au-dessus d'un grand vitrail peint, dont les nombreuses dégradations ne permettent guère d'apprécier le sujet.

La forme de l'édifice entier est fort irrégulière. On doit remarquer d'abord que le clocher n'est point placé vis-à-vis la nef. Les deux bas-côtés sont en outre très inégaux, surtout dans leur partie supérieure ; ainsi tandis que celui de droite se développe et s'élargit en avançant vers le haut de l'église, celui du côté gauche au contraire se replie sur lui-même, et laisse à peine à son extrémité place à une étroite chapelle. Cette chapelle est ornée de deux statues en pierre du XIIe siècle. L'une d'elles représente saint Pierre, tenant en mains les clefs ; la seconde, grossièrement mutilée, ne peut guère être reconnue.

Deux autres chapelles doivent aussi fixer l'attention. La première dite de *Sainte-Marguerite*, ou *du Sépulcre*, annexée à l'aile gauche, est une construction du XVe ou XVIe siècle. Les voûtes peu élevées sont couvertes de peintures à fresque représentant les quatre évangélistes avec leurs divers symboles et d'autres ornemens. L'une des clefs de voûte est sculptée avec assez d'art, et offre l'image de la Vierge tenant l'enfant Jésus dans ses bras. La seconde chapelle, souterraine, et placée sous les dalles du chœur, servait, dit-on, aux chanoines durant l'hiver pour y célébrer l'office canonial. Elle est voûtée également, et comme la première elle offre des peintures à fresque bien conservées.

Nous terminerons cette description en mentionnant deux portes latérales qui ne doivent point passer inaperçues. L'une d'elles, ouverte du côté du *cloître*, est remarquable par la fenêtre qui la surmonte, où l'on rencontre des sculptures du style de la renaissance. L'autre, aujourd'hui inconnue et hors d'usage, est située à l'extérieur de l'édifice, dans l'angle que forme la nef avec le bras gauche de la croisée. C'est là qu'on découvre en effet les restes d'un portail en ogive de la forme la plus élégante. Il est supporté par de légères colonnettes ornées de bandelettes et d'un rang de perles. Ces précieux débris, si dignes de voir le jour, demeurent aujourd'hui ignorés et enclavés dans un chantier.

Tels sont les détails les plus curieux que j'ai dû signaler dans l'ancienne église collégiale de Notre-Dame d'Étampes. Bien qu'au milieu des dégradations ou des réparations successives qu'il a éprouvées il soit assez difficile d'en rétablir le plan, la forme et les proportions primitives, ce bel édifice, comme on a pu le voir, offre à l'artiste et à l'antiquaire un objet fécond d'observations et d'études ; il mériterait donc à tous égards de prendre rang parmi ces monumens nationaux que l'état protége, et dont il s'efforce de sauver d'un dernier naufrage les restes vénérés.

L'auteur des *Antiquités d'Étampes*, en gardant un silence complet sur les richesses architecturales de l'église Notre-Dame, s'est au contraire longuement apesanti sur les priviléges et les prérogatives des chanoines de cette collégiale. Il a rappelé avec complaisance les divers titres publiés en leur faveur par les souverains pontifes ou les rois de France. Ses nombreux chapitres sur ce sujet me dispenseraient de le traiter à mon tour, si tous ces détails, aujourd'hui peu importans pour bien des lecteurs, n'étaient d'ailleurs étrangers au plan que je me suis tracé (1).

(1) Voir la note IV à la fin du volume.

Mais on pourrait m'adresser de justes reproches si, en décrivant les richesses de *Notre-Dame* d'Étampes, j'oubliais de parler du dépôt sacré qui lui fut confié jadis et qu'elle garde encore soigneusement dans son enceinte. Ce sont les restes précieux des saints martyrs Can, Cantien et Cantienne, dont cette église est en possession depuis son origine. On croit en effet que ces reliques furent données par le pape Benoît VII au roi Robert, lors de son voyage à Rome, et que ce prince en enrichit immédiatement le pieux édifice dont il était le fondateur. La ville d'Étampes reconnut dès lors ces généreux personnages pour ses patrons, et elle n'a cessé depuis cette époque de les honorer d'un culte particulier.

Can, Cantien et Cantienne, nobles romains, étaient issus de l'illustre famille d'Anicius, d'où sortirent plusieurs consuls ou empereurs, et qui donna le jour au célèbre Boëce. Ils furent élevés dans la foi chrétienne. Mais la cruelle persécution de Dioclétien et de Maximien étant survenue, ces jeunes seigneurs vendirent leurs grands biens, en donnèrent le prix aux pauvres, et fuyant leur patrie, se retirèrent en la ville d'Aquilée. L'obscurité dont ils cherchaient à s'envelopper ne put les dérober à la fureur de leurs ennemis. Leur nom, le bruit de leurs vertus se répandit bientôt dans la cité. Ils furent dénoncés comme chrétiens et forcés de comparaître devant le préfet Dulcidius. La fermeté, la hardiesse de leurs réponses irrita le fidèle ministre de la cruauté de l'empereur. Les jeunes romains furent jetés dans une étroite prison. Or, on rapporte que brisant leurs fers, ils étaient parvenus à s'évader. Ils fuyaient hors des murs lorsque à trois mille pas de la ville, l'un des coursiers qui traînaient leur char étant venu à s'abattre leur marche fut ralentie, et ils retombèrent captifs entre les mains des soldats qui les poursuivaient. On leur présenta aussitôt une petite idole de Jupiter pour la leur faire adorer : mais ces généreux chrétiens la repoussant avec horreur, persistèrent dans leur noble refus. Les soldats tirant alors leurs glaives, exécutèrent aussitôt sur eux la sentence de l'empereur. Sur le terrain témoin du supplice de ces trois martyrs, dans le voisinage de la mer, se trouve maintenant, dit-on, un petit village nommé *San Cantiano*.

Tels sont les héros chrétiens dont la ville d'Étampes a recueilli les restes précieux. Ces restes reposaient autrefois dans une magnifique châsse où l'or et l'argent brillaient de toutes parts. Elle n'existe plus aujourd'hui : mais de nos jours encore, quand deux fois durant l'année, au retour du printemps, les reliques des glorieux patrons d'Étampes, portées en des châsses plus modestes, parcourent en triomphe les rues de la cité, la foule n'est pas moindre qu'aux plus beaux jours des temps passés. Des hameaux voisins, des villes environnantes, on accourt se ranger sur les pas de la marche solennelle. Les mères amènent joyeuses leurs petits enfans à la fête des *corps saints*, et la religion reçoit dans cette pompe sacrée un éclatant hommage (1).

Mais ce n'est point en ces jours seulement que les pa-

(1) Cette fête se célèbre encore à Étampes, le mardi de Pâques et le mardi après la Pentecôte. L'affluence du peuple y est toujours très considérable.

trons d'Étampes reçoivent des marques touchantes de la vénération du peuple ; de tout temps lorsque la maladie ou l'adversité l'accablent, on l'a vu recourir à leur puissante protection : et plus d'une fois, disent les chroniques, des prodiges merveilleux sont venus couronner sa pieuse confiance. Dans les calamités publiques, c'est toujours à eux qu'il demande du secours. A une époque récente encore, quand le fléau asiatique qui décimait la capitale, étendait aussi ses ravages sur la vallée d'Étampes, on a vu ce pauvre peuple, conduit par l'espérance, se rassembler en foule sous l'aile tutélaire de ses saints, et réclamer leur salutaire appui avec les larmes d'une simple et consolante foi.

L'église Notre-Dame d'Étampes n'est point la seule en cette ville dont on doive attribuer la fondation au roi Robert. Celle de *Saint-Basile,* sise dans son voisinage, se présente aussi à nos regards comme un monument élevé par les soins de ce monarque. Ici encore c'est l'historien Helgaud qui sera notre guide. Cet écrivain, après avoir parlé du premier de ces deux édifices, ajoute ces mots : « Robert fit bâtir aussi une autre église dans Étampes-le-Châtel(1). » Et dans un diplôme de Henri Ier, son fils, nous découvrons une mention expresse de ce monument. On ne peut donc douter qu'il ne soit ici question, dans les paroles du chroniqueur Helgaud, du bâtiment qui porte aujourd'hui encore le même nom de *Saint-Basile,* et dont

(1) Item in ipso castro ecclesiam unam (ædificavit). (Helgald. Vita Roberti.)

nous allons essayer de donner une courte description.

L'église de Saint-Basile d'Étampes ne nous apparaît plus dans sa forme primitive; mais elle conserve de nos jours encore des traces de sa première fondation. Elle n'a point la splendeur ni l'élégance de celle de Notre-Dame, dont elle fut une succursale; mais elle porte comme elle l'empreinte de diverses sortes d'architecture. Ainsi, le portail principal en style roman pur, et l'une des parties les plus anciennes, remonte sans contredit au onzième siècle. On doit remarquer sur ce portail quelques sculptures d'un assez bon goût; ce sont deux anges en adoration devant une main ouverte qui est placée là sans doute comme un emblême de la Providence, toujours prête à répandre des grâces. Quant au clocher, qui semble n'avoir point été terminé, il convient de lui assigner pour date le commencement du treizième siècle. Enfin, les sculptures, les pilastres et le portail du côté de la rue *Sainte-Croix*, sont du seizième siècle, ou de la renaissance. L'intérieur de l'église n'offre rien de bien remarquable: plusieurs parties paraissent être du quinzième siècle. La fenêtre au fond du chœur présente des vitraux peints d'un assez bon effet.

L'église de Saint-Basile avait été construite pour servir de paroisse aux habitans d'Étampes-le-Châtel; quelques siècles plus tard, on ajouta à la nef principale, la petite nef où se trouvent les chapelles du côté droit: l'intention de l'architecte était d'agrandir l'autre côté également, et le chœur aussi en proportion; mais des obstacles s'opposèrent sans doute à l'exécution de son dessein; et depuis l'an 1559, où l'on a cessé d'y travailler, cette église est demeurée imparfaite, pour être terminée quand il *plaira à Dieu*, comme l'indique cette inscription, que l'on lit encore sur un médaillon dans un coin de la façade extérieure du chœur : *Faxit Deus ut perficiar. Anno* 1559.

En dehors du temple et près de la porte latérale du côté de la rue de la *Cordonnerie*, se trouve une tourelle octogone ornée d'une corniche dont les dessins se composent de feuillages entremêlés de médaillons, dans le style de la renaissance. Enfin je ne dois pas oublier de mentionner un petit bas relief du seizième siècle, sculpté avec beaucoup d'art, mais que sa place singulière dérobe à tous les regards, et que découvre seul le visiteur attentif. Il est situé en effet sur le flanc de la tourelle qui conduit au clocher, non loin du vestibule où l'on entre par le portail de la rue Sainte-Croix. Ce bas relief, digne d'une place plus apparente, représente la Vierge tenant dans ses bras le corps de Jésus. On y voit aussi sculpté un troisième personnage qui doit être Joseph d'Arimathie.

Il me reste à donner quelques détails sur l'église de Saint-Gilles, afin de compléter tout ce qui concerne les monumens du même genre existant aujourd'hui encore dans la ville d'Étampes. Cet édifice ne reconnaît point de fondateur particulier. On doit croire qu'il fut construit aux frais des habitans. Mais cette construction, quelle qu'en soit l'origine, remonte aussi à une époque reculée. On peut, sans crainte de se tromper, lui assigner pour date le onzième siècle ; les arcades à double voussure formant le plein ceintre qui sépare la nef des bas-côtés, les chapiteaux qui les surmontent et les petites fenêtres arrondies qu'on aperçoit au dessus appartiennent au genre d'architecture de cette époque. La porte principale de l'édifice semble être d'un temps postérieur, à cause de la finesse de ses sculptures. La forme octogone de la base du clocher est caractéristique du douzième siècle. La disposition de ses quatre frontons, ainsi que les filets et le genre d'ornemens des corniches annoncent la fin de ce siècle.

La tradition porte que l'église de Saint-Gilles ne fut dans son origine qu'une chapelle succursale de la paroisse Saint-Martin d'Étampes-les-Vieilles. Plus tard le nombre des habitans de ce quartier s'étant accru à cause de la tenue d'un marché en ce lieu, et surtout par suite de la franchise accordée par le roi Louis-le-Gros (1), cette église dut aussi être agrandie : devenue alors plus importante, elle fut séparée de celle de Saint-Martin pour former une paroisse distincte. On découvre en effet que les nefs latérales et les chapelles sont d'une époque bien postérieure à celle des parties primitives de l'édifice.

On vient de voir par quels monumens de divers genres le roi Robert signala son séjour au sein de la vallée d'Étampes. Nous nous sommes arrêtés long-temps avec complaisance sur le règne de ce prince, et cependant avec regret nous quittons un sujet sur lequel nous aimerions à laisser se promener encore les regards du lecteur. Il est doux pour l'historien fatigué de récits de combats ou du triste tableau de discordes civiles, de reposer sa vue sur

(1) Voir les détails de cette franchise au chap. VIIe.

le règne paisible d'un vertueux monarque. Or est-il, après notre roi saint Louis, un souverain qui mieux que Robert ait mérité l'amour de son peuple? Sans sortir même de l'enceinte d'Étampes, ne pourrions-nous pas rechercher et découvrir la place où sa main royale distribuait ces abondantes aumônes par lesquelles il soulageait la misère de tant de pauvres habitans? « Dans chacune des villes où il résidait, « dit l'historien Helgaud, à Paris, à Senlis, ... à « Étampes, le bon roi Robert avait coutume de fournir « copieusement du pain et du vin à trois cents, ou pour par- « ler plus vrai, à plus de mille pauvres (1). . . . Au jour « de la cène du Seigneur (charité incroyable pour quicon- « que n'en était pas témoin, mais admirable aux yeux des « serviteurs qui l'aidaient dans ces pieuses fonctions), le « même prince rassemblait dans son palais plus de trois « cents pauvres; et là on le voyait, à genoux devant eux, « distribuer à chacun de sa main vénérable des légumes, « du poisson, du pain et un denier;.... à la sixième heure « de ce même jour il distribuait à cent pauvres clercs de « semblables aumônes, ajoutant pour chacun douze de- « niers; et après leur repas ceignant un cilice, il leur « lavait les pieds qu'il essuyait avec ses cheveux, en chan- « tant du cœur et de la voix les cantiques du prophète « royal (2). »

Tel est le simple récit par lequel l'historien Helgaud fait connaître comment le bon roi Robert se plaisait à ré-

(1) . . . . In unâ quâque harum sede trecentis, vel quod est veriùs, mille pauperibus dabatur panis et vini abundanter......
(Helgald. Vita Roberti.)

(2) Helgald. Vita Roberti. Rec. des hist. de Fr., t. x.

pandre partout autour de lui d'innombrables bienfaits. Ainsi plus d'une fois le *noble palais* d'Étampes dut être le théâtre de ces nombreuses largesses. Plus d'une fois aussi, sans doute, la même enceinte devint cette demeure bien connue et chérie du pauvre, où l'on voyait souvent, au rapport de la chronique, des malades, des infirmes, venir se faire bénir et toucher par leur souverain (tant était grande l'opinion qu'ils avaient de ses vertus!) et s'en retourner ensuite certains d'une prochaine guérison (1). O naïfs et précieux souvenirs d'un autre âge et du règne d'un bon prince, j'aime à vous consigner dans mes récits! Aussi bien l'histoire, qui laissa dans l'oubli tant d'autres faits de nos annales, n'a-t-elle eu garde de vous passer sous silence : elle vous a recueillis avec soin; et maintenant vous ennoblissez ces temps antiques, et vous environnez le trône de Robert de l'odeur d'un parfum suave et pur que le souffle de huit siècles et bien des orages n'ont pu encore dissiper.

(1) Helgald. Vit. Rob. reg. — D. Rivet, Hist. littér. t. VII.

Chapitre sixième.

Henri Ier. — Philippe Ier. —Étampes sous ces deux monarques. — Histoire d'Eudes-le-Maire, dit Challo Saint-Mard.

La ville d'Étampes, agrandie et décorée de plusieurs monumens par la munificence du roi Robert, brillait d'un nouvel éclat. Son enceinte, plus étendue, devait alors présenter l'image de l'une de ces résidences royales, qui, calmes et paisibles durant un certain temps de l'année, se réveillent soudain, quand le monarque s'y rendant avec sa cour, attire auprès de lui l'affluence des grands ou un concours insolite d'étrangers. Ainsi, dans des siècles modernes, on a vu s'agrandir et se peupler par intervalles d'hôtes riches et nombreux, Versailles, Saint-Germain et Fontainebleau. Plusieurs diplômes des rois Henri Ier, Philippe Ier, Louis-le-Gros, etc., datés du palais d'Étampes (*Actum Stampis in palatio*), attestent que les successeurs de Robert, charmés comme lui des agrémens de cette habitation royale, y firent aussi leur demeure. C'était souvent durant ces intervalles, que ces princes accordaient tour à tour aux habitans de nouvelles immunités, ou confirmaient celles déjà concédées par leurs prédécesseurs. Mais l'un de ces diplômes, le plus précieux pour l'objet spécial de nos recherches, est celui qui fut donné à Compiègne, l'an 1046, en faveur de l'église de Sainte-Marie d'Étampes-le-Châtel.

Ce diplôme fut accordé par le roi Henri Ier pour confirmer diverses concessions faites à cette collégiale, au temps du roi Robert. Dans l'énumération des biens mentionnés en ce titre, nous trouvons quelques indications sur l'ancien aspect des lieux dont j'écris l'histoire. Les rentes et les redevances féodales dont nous voyons ces biens chargés envers le roi, nous donnent en outre une idée de ce que possédait le fisc royal à Étampes, au commencement du onzième siècle. L'objet de cette donation consiste en un grand nombre d'alleuds, vignes, moulins et autres genres de concessions, telles que *le produit des sépultures d'Étampes-le-Châtel et de tout le faubourg, avec l'église de Saint-Basile, depuis le moulin de Senaune jusqu'au vieil édifice de Brunehaut, et jusqu'aux bords de la Juine; la dîme d'une culture royale sous Étampes-les-Vieilles, les offrandes faites à l'église Sainte-Marie durant toute l'année, excepté le jour de l'Assomption; un alleud dans le domaine de Morigny, deux moulins à Bierville, etc.* (1).

Arrêtons-nous un instant ici, et tirons quelques inductions des expressions mêmes de ce titre. Nous y voyons d'abord que le territoire d'Étampes comprenait à cette époque un grand nombre de ces terres dites *Alleuds*, sorte de propriétés particulières, qui furent dans l'origine entièrement indépendantes, prises, occupées, ou reçues en partage par les Francks, lors de la conquête. La vigne y était cultivée sans doute avec succès. Enfin, on découvre que sous le règne de Robert, une partie des habitans d'Étampes se livrait déjà au genre d'industrie qui fait encore la principale richesse de cette contrée. Ainsi, sur les eaux de la Juine, plus considérable alors que de nos jours, on apercevait de nombreux moulins, dont les noms se sont perpétués jusqu'à nous. Il est utile de reporter sa pensée vers de pareils souvenirs. Celui qui par un travail pénible cultive aujourd'hui cette même industrie sur ces mêmes bords, peut-être accomplira sa tâche avec plus d'ardeur et de courage, s'il vient à songer que là, dans ces lieux qu'il habite, ses aïeux, huit siècles déjà écoulés, se livraient à un semblable labeur; et ses regards se tourneront avec amour vers l'onde bienfaisante qui baigne sa demeure, en songeant qu'elle sut de tout temps enrichir ses rives de précieux trésors.

Nous trouvons encore dans ce diplôme de Henri Ier une mention expresse de l'église Saint-Basile d'Étampes. C'est la première fois que son nom paraît dans notre histoire.

(1) Voyez le texte de cette charte aux pièces justificatives, note V.

Mais dès lors qu'elle figure ici, il n'est plus permis de douter de son antiquité. On doit croire que son origine avait précédé le règne de Henri Ier; la mention de cet édifice, dans un acte émané de ce prince, confirme donc l'opinion commune, qui, d'après quelques paroles de l'historien Helgaud, ainsi qu'on l'a déjà vu ailleurs, attribue au roi Robert la fondation de ce monument (1). Il résulte aussi de ce titre, qu'au commencement du XIe siècle, Étampes était divisé en deux parties bien distinctes, dont l'une, (le quartier Saint-Martin actuel) portait le nom d'*Étampes-les-Vieilles*, *Stampæ vetulæ;* et l'autre, celui d'*Étampes-le-Châtel*, *Stampense castrum.* Le bourg de *Saclas*, est ici mentionné par ces mots : *in Sarcleis*.

Enfin, il n'est pas jusqu'au *vieil édifice de la reine Brunehaut*, dont la désignation, consignée dans cet acte, ne puisse nous fournir quelques précieux enseignemens. Cet édifice, existant au onzième siècle, avait donc échappé à la fureur des Normands. Son antiquité était donc déjà reconnue à cette époque; et il avait conservé le nom de *Brunehaut*, non moins que le lieu où gissent aujourd'hui sous la terre quelques-uns de ces débris.

Un nouveau monarque régnait sur le trône de France. C'était Philippe Ier, sous lequel de grands événemens devaient s'accomplir en Europe et sur le sol de l'antique Asie. Guillaume le Bâtard, à la tête d'une armée nombreuse, était parti de son duché de Normandie, et

(1) Voyez au chap. V, les détails sur l'église Saint-Basile.

déjà son bras puissant avait fait la conquête de l'Angleterre, lorsqu'à la voix non moins puissante de Pierre l'ermite, l'Europe entière se réveillait, et s'élançait comme d'un seul bond à la conquête de l'Asie. On sait quelle grande part eut la France à cette brillante expédition. Mais avant le jour où ses enfans coururent, pélerins armés, à la délivrance du tombeau du Christ, un homme généreux avait, par une noble action consignée dans notre histoire, frayé le chemin à ces vaillantes tribus. Cet homme naquit dans nos contrées. La ville d'Etampes s'honore de lui avoir donné le jour. L'histoire ne dit point qu'il combattit avec ses frères sous les murs de Jérusalem; mais pélerin solitaire il les précéda dans ce périlleux voyage, leur apprit par son exemple à marcher vers l'Orient; et peut-être ses récits à son retour ne furent-ils point sans quelque influence sur le succès de la croisade. Serviteur dévoué de son prince, accomplissant un vœu qui n'était pas le sien, on le vit partir seul, à pied, des bords de la Juine, et s'acheminer à pas lents jusqu'aux portes de la ville sainte. Puis, sa mission étant remplie, il revint dans sa patrie, pour y jouir de la glorieuse récompense qu'il avait méritée, et que la reconnaissance royale voulut étendre à ses descendans.

Le roi Philippe Ier, disent nos chroniques, avait fait le vœu d'aller, armé de toutes pièces, visiter le tombeau du Christ à Jérusalem, de suspendre ses armes dans le temple et de l'enrichir de ses dons (1). Mais on raconte que les prélats et les seigneurs du royaume, prévoyant les

(1) Voyez Pasquier, Loysel, Chopin, Morin, etc.

maux qu'occasionnerait son absence, s'efforcèrent vivement de le retenir. Alors un de ses fidèles serviteurs, Eudes-le-Maire, dit Challo Saint-Mard, né à Étampes, offrit d'entreprendre lui-même le voyage à la place du roi. Il partit donc à pied, armé comme dans un jour de bataille, et portant en sa main un cierge qu'il allumait à divers intervalles. Il employa, dit-on, deux années à faire ce pélerinage. Arrivé enfin au terme de sa course, il déposa ses armes dans le temple du Saint-Sépulcre, où plusieurs années après on les voyait encore, ainsi qu'un tableau d'airain, mémorial de son vœu. Le noble pélerin avait laissé son fils Ansolde et ses cinq filles sous le patronage de son roi. Son retour dans sa patrie fut le signal des honneurs dont ce prince se plut à le combler. En témoignage d'estime et de satisfaction, il lui accorda l'exemption de tous péages, tributs et autres droits, pour lui et pour toute sa race (1). Les historiens ont comparé ce privilége à celui que les Romains donnèrent pour récompense aux descendans de Thimasitheus, capitaine des Lipariens (2). Et certes, il serait difficile de trouver dans nos annales d'autres exemples d'une pareille libéralité. En vertu d'une clause expresse de cette concession, les serfs du roi, par leur mariage avec les filles d'Eudes-le-Maire ou de ses descendans, devenaient nobles et affranchis de toute servitude. On conçoit aisément que de si grands avantages devaient faire rechercher avec empresse-

(1) Voyez le texte de ce privilége à la note VI, à la fin du volume, et les éclaircissemens qui le suivent.

(2) Voyez Diodor. Sic. lib. IV, c. 24.

ment l'alliance de cette famille. Aussi nos historiens n'ont-ils pas manqué de nous apprendre que durant long-temps on vit bon nombre de gens riches se disputer la main de ces nobles demoiselles. « *Les plus riches marchands,* « *voire des villes frontières de ce royaume,* dit Fa-« vin, *pour jouir des advantages d'icelle franchise,* « *venoient prendre femme à Étampes et aux environs,* « *afin de pouvoir en toute liberté trafficquer francs* « *et quittes de tous droicts et passages. Et ces filles* « *par ce moyen richement mariées sans bourse* « *deslier.*

« *Numerabant in dote triumphos* (1). »

Mais ce privilége semblable, comme dit un ancien auteur, aux rivières qui grossissent à mesure qu'elles s'éloignent de leur source (2), parut dans la suite des temps si considérable et devint le partage d'un si grand nombre de personnes, que nos rois crurent devoir le restreindre en de justes limites. François Ier déclara par une ordonnance du 19 janvier 1540, que les descendans d'Eudes-le-Maire continueront à jouir de la franchise à l'égard seulement de ce qui sera levé sur leur propre fonds, mais qu'ils seront tenus à l'avenir d'acquitter tous les autres droits de péage, tant par mer que par terre, dans la même forme que les autres marchands du royaume. Henri III, l'an 1487, porta une nouvelle atteinte à ce privilége. Il fut enfin entièrement révoqué au mois de mars 1601, par le roi Henri IV. Ce prince, arrêtant par un édit le cours de

(1) Favin, Hist. de Navarre, liv. XVIII.

(2) Traité de la noblesse, par La Roque, ch. XLIV.

la reconnaissance de l'un de ses prédécesseurs, assimila les descendans d'Eudes-le-Maire au rang de ses autres sujets. Ainsi cette belle prérogative qui semblait devoir subsister toujours comme un monument éternel de la piété et de la justice de nos rois, disparut sous le règne de l'un de nos meilleurs monarques après une durée de 517 ans.

Avant de clôre ce récit sur Eudes-le-Maire, je dois dire quelques mots d'une singulière charge qu'étaient tenus de remplir les descendans de cet illustre chevalier. L'auteur *des obsèques de la reine Anne de Bretagne* nous fournit à ce sujet un précieux document (1). En parlant de l'arrivée du convoi à Étampes, et de ceux qui sortirent pour lui faire honneur, il s'exprime ainsi dans son vieux langage que nous citerons textuellement d'après le manuscrit : « Il y avoit bien huit cens flambeaux, portés « aux armes de la ville, qui sont de gueules à ung châ- « teau d'or, maçonné, fenestré et crénelé de sable, sur « le tout ung escu escartelé ; le premier de France, le « second de gueules à une tour d'or, portée, fenestrée « et crénelée de sable.

« Et le parsus étoient six cens habitans, vestus en « deuil, qui portoient chascun ung flambeau blanc ar- « morié d'ung escu escartelé ; le premier de Jérusalem, et « le second de sinople à ung escu de gueules soustenu « d'or sur une feuille de chesne d'argent. Je m'enquis « pourquoi ils portoient ce quartier des armes de Jéru-

(1) Voir l'*Histoire du convoi et des obsèques de la reine Anne*, imprimée par Théod. Godefroi, in-4°, l'an 1619, et qui se trouve dans un manuscrit de monseigneur de Metz, écrit dans le même temps.

« salem : l'on me répondit qu'ils estoient yssus d'un no-
« ble homme nommé Hue le Maire, seigneur de Chaillou,
« lequel estant adverty que le roi Philippe (le bel) (sic) (1)
« devoit un voiage en Jérusalem à pied, armé, portant
« ung cierge, ce que le bon roy ne peult pour quelque
« maladie qui lui survint. Et entreprint le dit seigneur de
« Chaillou le voiage : ce qu'il fist et accomplit. Et pour
« partie de sa remunération iceluy roy luy octroya ung
« quartier des armes de Jérusalem. Et franchit et exempta
« de tous subsides et tailles luy, ses successeurs et héri-
« tiers et ceulx qui d'eux viendront. Ainsi ils sont peuplés
« depuis en grand nombre. Pour ce sont-ils tenus de
« venir au devant du corps des roys et roynes à leur en-
« trée à Estampes. Et si ils y reposent morts, sont tenus
« de garder et veiller le corps : ce qu'ils ont fait en voiage
« à la dite royne, et s'appellent la Franchise (2). »

(1) Il y a sans doute ici erreur dans le manuscrit.

(2) Voir les *monumens de la Monarchie française*, par le père Montfaucon, t. II. — On trouve à la page 216 de ce même volume du père Montfaucon, une gravure assez curieuse tirée d'un tableau peint sur bois, environ vers le temps de François Ier, sans doute par l'un des descendans de Challo Saint-Mard. Le roi y est représenté assis, sa couronne sur la tête, vêtu d'une tunique et d'un manteau d'azur fleurdelisé. Il tient de la main droite son sceptre, et de la gauche, il donne à Challo Saint-Mard des lettres scellées. Celui-ci, ceint d'une longue épée, et armé de toutes pièces, comme au temps de François Ier, fléchit le genou devant son souverain. Derrière lui, sa femme tient de la main gauche son jeune fils Ansolde. Ses cinq filles sont derrière leur mère, presque toutes de la même taille, et portant comme elle un long voile sur la tête. (Voir la note VI, à la fin du volume.)

Chapitre septième.

Affranchissement des communes. — Commune d'Étampes. — Chronique de quelques faits et gestes de Louis-le-Gros.

Nous voici arrivés à l'une des époques les plus importantes de notre histoire. Le douzième siècle vient de s'ouvrir, et le règne de Louis-le-Gros prépare à la France une ère nouvelle de liberté. Avant ce monarque la France n'était guère en quelque sorte qu'un composé bizarre d'états incohérens, que de puissans vassaux gouvernaient à leur gré. Sous ce règne de l'épée, le peuple se consumait en pénibles labeurs pour des maîtres ambitieux qui en recueillaient tous les fruits. Il était temps enfin de

6

voir la nation entière arrachée à la servitude, et jouissant de ses droits imprescriptibles que des lois sages allaient lui rendre.

Déjà sous le règne précédent, le départ pour la Palestine d'une foule de seigneurs confédérés, avait délivré le royaume des suites funestes de leur ambition et de leurs violences. Plus d'un seigneur suzerain se croyant appelé par le ciel aux combats de la croisade, avait vendu à bas prix ses vastes domaines pour subvenir aux frais d'un long voyage; et nos monarques en rachetant facilement quelques uns des fiefs distraits de leur couronne, commençaient à faire rentrer dans leurs mains de nombreux priviléges, devenus des armes redoutables dans celles de leurs puissans vassaux.

Mais le plus grand bienfait dont l'histoire semble rattacher le souvenir au règne de Louis-le-Gros, fut l'établissement des communes. Par ces associations indépendantes qui se formèrent alors en plusieurs contrées sous la protection royale, la France reprit une face nouvelle; un nouvel ordre social s'y établit; et son fertile sol devint plus abondant et plus fécond encore quand, affranchi de la *glèbe*, le cultivateur put travailler paisible, en regardant sans effroi les tourelles du manoir féodal.

En parlant des bienfaits du règne de Louis VI, on doit rappeler qu'une part en est due au ministre sage et habile dont la prudence merveilleuse sut comprimer les factions, affaiblir la puissance de turbulens vassaux, et cimenter la paix avec les nations voisines. Ce digne ministre, c'est l'immortel Suger, abbé de Saint-Denis! C'est ce grand homme que nous retrouverons tout-à-l'heure au sein de la ville d'Étampes, où il viendra recevoir des marques d'un insigne honneur, dans le palais des rois, au milieu de la plus illustre assemblée.

Gardons-nous cependant de croire que l'affranchissement des communes soit tout entier l'œuvre du règne et de la volonté de Louis-le-Gros. Le pouvoir royal, au commencement du douzième siècle, ne régissait qu'une très faible partie de la France actuelle. Un grand nombre de nos provinces étaient sous la suzeraineté de l'empire d'Allemagne, ou se regardaient comme des états libres, sous des ducs et des comtes qui ne reconnaissaient aucun suzerain. L'influence législative du monarque ne pouvait donc s'étendre que dans les pays situés entre la Somme et la Loire. Or, nous voyons les communes s'établir sur tous les points de la Gaule, principalement dans les provinces indépendantes de la couronne, telles que celles des contrées méridionales. Le règne communal se révèle même dans ces dernières provinces à une époque antérieure aux chartes où figure le nom de Louis-le-Gros. Ainsi, à ce roi seul n'appartiennent point l'idée et la création de ce nouvel ordre social. En puisant aux sources de l'histoire, on découvre que dans le grand mouvement d'où sortirent les communes au moyen-âge, les marchands et les artisans qui formaient la population des villes n'avaient eu garde de demeurer spectateurs oisifs. Plus d'une fois, dans plus d'une cité, ce furent ces bourgeois eux-mêmes qui, les armes à la main, osèrent conquérir leurs libertés, et surent durant plusieurs siècles en maintenir l'orageuse existence. « Accoutumés, dit M. Thierry, par les habi-
« tudes paisibles de notre civilisation, à voir dans le nom

« de bourgeois l'opposé de celui de soldat, nous avons « peine à comprendre ces héros de l'industrie renais- « sante, qui maniaient les armes presque aussi souvent que « les outils de leurs métiers, et faisaient trembler jusque « dans leurs donjons les fils des nobles et des preux, « quand le son du beffroi annonçait au loin que la com- « mune allait se lever pour la défense de ses franchises.,... « Mais, ajoute ailleurs le même écrivain, que nous som- « mes loin du compte, si nous croyons que le moyen âge « ressemblait à l'ancien régime, et qu'en France les pas- « sions populaires sont filles de la révolution (1)! »

Quant à la ville d'Étampes, vers laquelle il est temps de revenir, nous ne voyons nulle part qu'elle ait eu à subir aucune de ces perturbations violentes, de ces discordes civiles, qu'aurait fait naître un réveil spontané ou une ardeur inquiète de ses habitans. Nulle part l'histoire ne la

(1) Augustin Thierry, *Lettres sur l'Histoire de France.*

Ce savant et judicieux écrivain, en traitant à fond, dans ses *Lettres sur l'Histoire de France*, la question de l'affranchissement des communes, a su dissiper bien des préjugés accrédités par les récits de plusieurs historiens modernes. L'examen des documens originaux lui a fait reconnaître quelle part respective avaient eue nos monarques et les bourgeois des villes, au grand mouvement communal du moyen-âge. En donnant l'initiative à ces derniers, il appuie de nombreux exemples son assertion. Le récit des révolutions communales de Cambrai, Noyon, Beauvais, Saint-Quentin, Laon, Soissons, Reims, Vezelai, etc., revêt dans son ouvrage des couleurs brillantes, animées; et c'est ainsi qu'il initie avec charme le lecteur aux scènes si vives de cette époque que ses laborieux efforts lui donnent si bien le droit de peindre et d'apprécier.

montre s'efforçant d'acquérir un peu de liberté au prix de son repos et du sang de ses enfans. Partout, au contraire, durant les temps du moyen-âge, cette cité nous apparaît calme et paisible, se contentant de jouir sans trouble dans sa fraîche vallée, des immunités qu'elle recevait parfois de nos monarques. Ou si le désordre et l'épouvante viennent un instant régner dans ses murs, ce n'est que lorsque les ennemis du dehors, rassemblés à ses portes, assiégent son castel, et menacent le repos et la vie de ses tranquilles habitans.

L'histoire nous a conservé le souvenir d'un droit de commune accordé à la ville d'Étampes par nos anciens rois, et qui était en pleine vigueur durant les premières années du règne de Philippe-Auguste. On ignore quelle en était l'étendue ; car on ne retrouve point l'acte de concession ; et cet acte n'est connu que par une ordonnance de ce même prince, datée de Paris, l'an 1189, laquelle vint soudain détruire ce droit (1). Mais à l'aide d'autres chartes d'affranchissement, données vers le temps de Louis-le-Gros, en faveur d'autres villes, on peut découvrir, en quelque sorte par analogie, quel était le degré de liberté dont cette concession avait mis Étampes en jouissance. Les attributions des communes étaient de pouvoir se défendre elles-mêmes, et poursuivre la réparation des torts ou injustices commises à leur égard. Elles avaient un *Maire* et des *Échevins* nommés par les habitans, et chargés de veiller au maintien de leurs franchises. Elles étaient aussi ordinairement exemptées de plusieurs char-

(1) Voir *Ordonnances du Louvre*, tome x.

ges que les seigneurs particuliers imposaient à leurs vassaux. Peut-être la ville d'Étampes, en vertu de cette concession, dont le texte et l'auteur sont aujourd'hui inconnus, jouissait-elle de quelques uns de ces droits, lorsqu'un acte de justice sévère du roi Philippe-Auguste vint les révoquer. Les motifs donnés de cette révocation sont les fréquens dommages que la commune d'Étampes, abusant de ses priviléges, occasionait aux biens des églises et de la noblesse. Le roi déclare donc que les églises et la noblesse jouiront à l'avenir de la plupart des droits, franchises et libertés qui leur avaient appartenu avant l'établissement de cette commune. Quant à quelques autres droits importans, qui leur appartenaient également, tels que celui de contraindre les habitans à venir servir leur suzerain en ses armées ou en ses voyages, et celui d'imposer sur eux telle taille qu'il lui plaira, c'est à lui seul que le prince en réserve désormais la libre jouissance (1).

On ignore à quelle époque furent restituées à la ville d'Étampes les franchises dont le roi Philippe-Auguste l'avait dépouillée. Elle les recouvra sans doute sous l'un des règnes suivans. Nous voyons cependant que, même vers les premières années du seizième siècle, ses libertés communales étaient contenues en d'étroites limites. A cette épo-

(1) ..... Philippus Dei gratiâ Francorum rex..... Propter injurias, et oppressiones, et gravamina, quæ communia Stampensis inferebat tàm ecclesiis, etc., rebus earum, quàm militibus, et rebus eorum, quassavimus eamdem communiam : et concessimus tàm ecclesiis, quàm militibus, quod apud Stampas deinceps communia non erit, etc...... Actum Parisiis, anno Domini M. CXCIX, regni verò nostri XXI.... (Voir la note VIII à la fin du volume.)

que, les habitans d'Étampes élisaient des échevins de deux ans en deux ans; mais leur pouvoir était très borné; car tout se réglait dans la ville par ordonnance du lieutenant au bailliage, à la réquisition d'un magistrat nommé par le roi. Les échevins ne pouvaient même rassembler les bourgeois de la ville sans la permission de ces officiers. Et à l'égard des deniers communs, il ne leur était point permis de disposer, de leur propre gré, de plus de vingt sols parisis. Enfin, sous le règne de Louis XII, les habitans d'Étampes voyant qu'un certain nombre de villes s'étaient soustraites à cette grande dépendance des lieutenans du roi, sollicitèrent du monarque la même faveur. Ils réclamèrent le pouvoir de se construire une maison commune, et de régir eux-mêmes librement leurs affaires communales, à l'exemple de tant d'autres bonnes villes du royaume. Ils implorèrent aussi dans cette intention l'appui de Claude de France, leur nouvelle comtesse, et par son puissant secours ils obtinrent des lettres-patentes du monarque conformes à leurs désirs (1).

Le temps, en détruisant tant d'autres monumens du règne de nos anciens rois, nous a conservé un diplôme remarquable de Louis-le-Gros, qui fait connaître plusieurs exemptions singulières, dont ce prince gratifia une partie des habitans d'Étampes. C'est en outre un document curieux pour l'histoire des mœurs et des coutumes de cette époque.

Le séjour des rois dans cette ville, bien qu'il fût

(1) Les lettres-patentes du roi sont du mois de mai 1514.

l'une des sources de sa prospérité, lui imposait aussi parfois quelques charges onéreuses. L'une d'elles était l'obligation de fournir durant ce temps tout le linge, la vaisselle et les ustensiles de cuisine nécessaires à la cour. Cette loi avait été imposée par les premiers monarques aux habitans du marché Saint-Gilles : mais dans la suite des temps les exigences de la cour augmentant sans doute avec chaque nouveau règne, cette charge parut si rude et si pesante que cette partie de la ville se dépeuplait chaque jour et devenait en quelque sorte une solitude. Louis VI prit en considération le sort de ce quartier, et il avisa aux moyens de lui rendre le mouvement et la vie. Il ne déchargea point, il est vrai, ses habitans de leur obligation; mais par une charte donnée en son *palais d'Étampes* l'an 1123, il leur octroya de nombreux priviléges qui les dédommageaient amplement du lourd fardeau dont ils auraient eu peine à supporter le poids (1).

Le roi accordait aux habitans du marché Saint-Gilles présens et futurs :

1° L'exemption pour dix ans de toute taille, du service militaire, et des amendes encourues selon l'usage par ceux d'entre eux qui auraient porté de fausses accusations.

2° La réduction à perpétuité à cinq sols quatre deniers, de certaines amendes s'élevant à soixante sols, et l'abaissement à seize deniers de celles qui étaient fixées à sept sols six deniers.

(1) Une copie de cette charte, faite sur parchemin, et collationnée à l'original le 6 décembre 1558, est conservée encore dans les archives de l'hôtel-de-ville d'Étampes. (Voir le texte de cette pièce à la note VII, à la fin du volume).

3° Décharge du droit de minage, hors le jeudi, jour de marché.

4° La faculté de refuser le serment en justice sans être tenu de le racheter par quelque offrande.

Enfin une clause de cet acte stipulait encore qu'on ne pourrait faire aucune exécution contre ceux qui amèneraient au dit marché de Saint-Gilles, ou dans les maisons de ses habitans, des blés, des vins et autres marchandises quelconques. Le pouvoir royal protégeait leur arrivée, leur séjour et leur retour; et les circonstances d'un flagrant délit pouvaient seules les soustraire à son tutélaire appui.

On n'aura point remarqué ici sans quelque peine et quelque surprise cette immunité singulière en faveur des faux témoins. Cette concession est une licence peu honorable pour un prince, gardien de la justice, et dont le premier devoir est de la faire régner dans ses états. Par cette mesure imprudente il arrêtait son cours naturel, et il fournissait un champ libre aux haines et aux inimitiés. Il y aurait d'ailleurs une autre conclusion à tirer sans beaucoup de malice de tout ce qui précède; mais elle serait peu flatteuse pour le caractère et les usages des anciens habitans de Saint-Gilles. Cependant on est naturellement porté à craindre que le faux témoignage et la calomnie n'aient été fort en vigueur chez eux dans les temps reculés, si, comme il faut le supposer, Louis-le-Gros dans l'édit précité avait entendu accorder un bienfait à la majorité, au moins, si ce n'est à l'ensemble de ce quartier. N'en accusons que l'ignorance de ces anciens siècles, et jouissons avec d'autant plus de bonheur des améliorations que l'instruction et les lumières ont successivement amenées dans les relations sociales et dans l'état général de la société.

Les habitans du marché Saint-Gilles ont joui durant plusieurs siècles de ces priviléges, qui leur furent confirmées à divers intervalles, surtout dans le cours des quinzième et seizième siècles, par des actes émanés du bailliage d'Étampes, et spécialement par des lettres-patentes de Henri III, roi de France, en date du mois de mars 1575 (1). Allégés par ces immunités, les habitans de ce quartier supportèrent alors sans se plaindre la charge qui leur était imposée. Des documens conservés dans les archives de la ville d'Étampes, nous révèlent à quelle époque l'on vit cesser enfin l'usage de cette singulière obligation. Ce fut dans la dernière période du quatorzième siècle. Louis d'Évreux, second du nom, seigneur de Lunel, était alors comte d'Étampes. Vers l'an 1370, les Anglais, après quelques tentatives infructueuses sous les murs de Paris, vinrent passer au pont d'Antony, et entrèrent dans Étampes qu'ils prirent et saccagèrent. La belle église de Sainte-Croix fut pillée ; et celle de *Notre-Dame-*

(1) Une copie de cette charte française de Henri III se voit aux archives de l'hôtel-de-ville d'Étampes, sur le même parchemin qui contient celle de Louis-le-Gros citée plus haut. On y conserve aussi dans un cahier de deux feuilles une autre copie textuelle de ces deux pièces, auxquelles est jointe une copie de la charte de Louis, comte d'Étampes, dont il est parlé ci-après.

Ces mêmes archives renferment un grand nombre de sentences du bailliage d'Étampes, sur parchemin, la plupart relatives à la franchise du marché Saint-Gilles.

du-fort, ainsi nommée à cause des fortifications et des larges fossés qui l'environnent, se ressentit aussi de leurs violences. Les habitans du marché Saint-Gilles, ruinés par cette guerre et par les précédentes, vinrent alors représenter humblement à leur seigneur, qu'il leur était désormais impossible de fournir sa maison de linge, vaisselle et autres meubles. Le bon prince fut ému de compassion en voyant la misère de ces pauvres habitans. Il les déchargea volontiers d'une pareille servitude, tout en leur laissant les priviléges qu'ils avaient reçus de Louis-le-Gros en compensation de cette charge. Il exigea d'eux seulement une simple rente de dix livres parisis, payable à deux termes, sur les masures, maisons et jardins situés dans les limites du marché (1).

A cette époque critique de notre histoire, la frayeur des attaques des Anglais obligeait les habitans des villes à des précautions continuelles pour veiller à leur sûreté. Ceux d'Étampes crurent donc devoir transférer la tenue du marché en un lieu plus sûr, au dessous du château, et sur la place située devant l'église Notre-Dame. Les guerres ayant cessé, on le transporta au lieu accoutumé, où il se tint avec tranquillité jusqu'à ce que des motifs semblables, un siècle après, obligèrent de le transférer de nouveau dans l'enceinte d'Étampes-le-Châtel. De ces

(1) La charte donnée en cette occasion par Louis, comte d'Étampes, au mois de juillet 1378, est conservée dans les archives de cette ville. Tout porte à croire que c'est l'original lui-même : elle est en français, d'une écriture assez correcte et bien conservée. On y voit encore les débris d'un sceau pendant en cire jaune, attaché par un lacet en soie de diverses couleurs.

changemens successifs naquirent dans la suite une foule de différends entre les habitans des quartiers de Saint-Basile et de Notre-Dame d'une part, et ceux de Saint-Gilles de l'autre. Le récit de ces contestations tiendrait une place notable dans les annales d'Étampes ; mais d'autres faits plus importans appellent ailleurs nos regards. Il importe d'ailleurs peu aux habitans de cette ville de connaître aujourd'hui les fastidieux détails de ces jalouses rivalités (1).

Louis-le-Gros avait de bonne heure éprouvé son courage contre de fiers et turbulens vassaux qui accablaient le menu peuple sous le poids d'une rude oppression. Suger, l'historien de sa vie, nous le montre, sous le règne même de Philippe Ier, son père, occupé à redresser les torts des

(1) L'histoire d'un grand nombre de nos villes de médiocre importance n'est ainsi remplie bien souvent que de petites querelles fomentées dans leur sein par de faibles divisions, dont la source est plus faible encore. Quant à celles de la ville d'Étampes, elles durèrent pendant de longues années. Les bourgeois de Saint-Basile et de Notre-Dame, après bien des efforts, obtinrent l'an 1498, du roi Charles VIII, des lettres-patentes qui leur permettaient de tenir un marché, sur la place de Notre-Dame, le samedi et les autres jours de la semaine. Ceux de Saint-Gilles s'opposèrent de tout leur pouvoir à la vérification de ces lettres. On ignore ce qui advint de ces luttes rivales. Il est à croire que tous ces différends se terminèrent par un accord ou transaction, d'après lequel on vendit librement sur le marché Notre-Dame, le samedi et les autres jours de la semaine, toute sorte de menues denrées ; tandis que les blés, les vins, les chevaux et autres bestiaux, se vendaient le samedi sur la place Saint-Gilles, ainsi que cela se pratique encore aujourd'hui.

seigneurs rebelles envers leur prince, et tyrans des malheureuses contrées dont ils se déclaraient souverains indépendans. C'est ainsi que les comtes de Corbeil, de Montlhéry, et plusieurs autres seigneurs des environs de Paris, apprirent tour à tour à redouter la force de son bras. La réputation des exploits du jeune héritier du trône s'étendait déjà au loin : « *De sorte*, dit un vieil historien, *que toute la France jeta dès lors la vue sur lui comme sur un Hercule, dompteur des monstres de l'État : et tous ceux qui souffraient quelque oppression, commencèrent à avoir recours à lui pour en être délivrés.* » C'est ainsi que les habitans du Berri le conjurèrent de venir les venger des violences d'Humbault, châtelain de Sainte-Sévère, dont la présence dans ce castel était un fléau pour la contrée. Le jeune prince marche aussitôt vers lui avec une poignée de braves serviteurs. Le puissant châtelain vient à sa rencontre, accompagné de troupes nombreuses. Une petite rivière se trouvant sur leur passage, s'opposait au choc des deux armées. Mais le jeune Louis ayant vu un des ennemis sortir des retranchemens, pousse aussitôt son cheval vers lui, le terrasse, et du même coup de lance, il en fait tomber un second à ses pieds. Aidé de ses gens, il pénètre alors dans le camp de ses adversaires, et remporte une victoire éclatante. Le châtelain Humbault est forcé de mettre bas les armes, et de se rendre à la merci du vainqueur. Louis s'empare du butin, et retourne en triomphe à Paris. Mais durant ce temps, qu'était devenu son félon prisonnier ? Renfermé dans une tour du château d'Étampes, il expiait, par une dure captivité, les violences criminelles dont il s'était rendu coupable, et en déplorait les funestes suites (1).

Les troubles suscités en France sous Philippe Ier, par de téméraires vassaux, continuèrent non moins vivement sous le règne de Louis-le-Gros; ce ne fut pas l'une des moindres gloires de ce prince, d'avoir su abattre leur puissance. Sa force, dans ces combats, recevait un précieux secours des sages conseils de son digne ministre, Suger, dont les avis étaient d'ordinaire la règle de ses actions. Dans le récit que nous a transmis ce grand homme des exploits de son maître, on voit souvent figurer le nom de la ville d'Étampes; mais jamais, on doit le dire, il ne la représente comme l'alliée de quelqu'un des ennemis de ce monarque, auquel elle ne cessa au contraire de demeurer constamment fidèle.

Parmi les vassaux ambitieux contre lesquels Louis-le-Gros eut à exercer sa bravoure, se trouvait Hugues, seigneur du Puiset en Beauce, et vicomte de Chartres. De simple châtelain, il s'était rendu seigneur feudataire pendant la vie du roi Philippe, et il faisait peser son joug sur toute la contrée. Ses prétentions sur les droits de l'évêché de Chartres, et sur ceux du jeune Thibault, comte de cette ville, son suzerain, étaient l'un des griefs qu'on lui reprochait. Déjà le roi Louis avait pris d'assaut et ruiné le château du Puiset. Hugues, après une courte captivité à Château-Landon, était sorti de prison. Brûlant d'assouvir sa

(1) Sugerii Abb. S. Dionysii liber de vitâ Ludovici grossi Regis. — Rec. des hist. de Fr., t. XII, p. 24.

. . . . . *Et ensi s'en retorna à victoire, et enmena avec söi ce chastelain, et le mist en prisom en la tor d'Estampes.*

(Chroniques de Saint-Denis.)

vengeance, il avait renoué ses intelligences avec quelques seigneurs, et commencé à réparer les fortifications de son château. Le roi vint alors rejoindre son armée à Étampes, d'où il partit incontinent pour aller assiéger de nouveau le castel du Puiset. Le succès ne répondit pas à ses efforts; ses troupes plièrent, et se dispersèrent soit à Orléans, soit à Étampes d'où elles étaient venues. Louis sut les rallier, et marchant à leur tête contre son redoutable vassal, il le vainquit, et le contraignit de se rendre à discrétion. Sa forteresse fut rasée et la contrée entière fut ainsi délivrée de son odieuse tyrannie (1).

Les habitans d'Étampes figurent encore avec honneur au nombre de ces vaillantes troupes que Louis-le-Gros rassembla contre l'empereur Henri V, alors que ce monarque, excommunié au concile de Reims, s'avançait vers les plaines de Champagne. Henri ne prétendait à rien moins qu'à détruire de fond en comble une ville où il venait de recevoir un si solennel affront (2). Le roi, instruit de son approche, s'était jeté promptement avec quelques hommes d'armes dans les murs de cette place. Cependant de divers points de la France arrivaient de nombreuses phalanges pour soutenir leur roi, et défendre contre l'armée impériale la noble cité champenoise. On divisa ces troupes en

(1) Vie de Louis-le-Gros par Suger.

(2) L'empereur Henri V fut excommunié dans le concile tenu à Reims en Champagne, au mois d'octobre 1119, sous le pape Calixte II, par les prélats de France. Louis-le-Gros fut présent lui-même à cette assemblée. Les motifs de cette excommunication étaient les prétentions de l'empereur aux droits d'investiture.

trois corps : le premier, de soixante mille hommes, avait été fourni par les contrées voisines de Reims et de Châlons; le second, égal en nombre, venait des pays de Laon et de Soissons; enfin le troisième, non moins nombreux, mais plus dévoué à son roi, se composait des troupes d'Orléans, d'Étampes, de Paris et de Saint-Denis. C'est avec ce troisième corps que le roi voulut combattre. « Au « milieu d'eux, s'écria-t-il, je combattrai avec autant de sé- « curité que de courage. Après nos saints patrons, je n'ai « point de plus braves soutiens. Ce sont mes compatriotes; « avec eux j'ai vécu familièrement. Si je dois vivre, ils « m'aideront à vaincre ; si je meurs, ils ne laisseront point « mon corps à la merci de mes ennemis (1). »

Les craintes que sut inspirer à l'empereur l'aspect de ces troupes si bien aguerries, l'engagèrent à éviter d'en venir aux mains avec elles. Il s'enfuit couvert de honte en Allemagne. Mais quoique dans cette occasion les habitans d'Étampes n'aient point combattu, ce n'en est pas moins pour eux un honneur d'avoir figuré dans les rangs de cette brave milice accourue sous les drapeaux de son roi; et d'avoir entendu de sa bouche même l'éloge de leur vaillance.

(1) . . . . . « Hâc, inquit, acie tàm securè quàm strenuè di- « micabo, cum præter sanctorum dominorum suorum protectio- « nem, etiam qui compatriotæ familiarius educaverunt, aut vivum « juvabunt, aut mortuum conservantes reportabunt. » (Sugerii liber de vitâ Ludovici Grossi.)

Chapitre huitième.

Abbaye de Morigny. — Le pape Innocent II à Étampes. — Léproserie, maison des *Mathurins*. — Conciles tenus à Étampes. — Saint Bernard.

Avant les onzième et douzième siècles, Étampes n'avait point encore vu son territoire se couvrir de ce grand nombre de pieux monumens qui devaient un jour fleurir dans son sein, jusqu'au moment où le temps et la main des hommes en auraient dispersé les débris. C'est vers cette époque que son sol commença à s'enrichir de leurs constructions. Parmi ces établissemens, dont le souvenir n'est point éteint dans cette contrée, l'abbaye de Morigny est digne d'occuper l'un des premiers rangs. Ce n'est donc point m'écarter de mon plan, que de lui consacrer ici quelques pages, destinées à rappeler son origine, sa fondation, et les principaux événemens qui l'ont illustrée.

A une demi-lieue d'Étampes, près des bords de la Juine, et dans cette partie fraîche et gracieuse de la vallée qui s'étend vers le bourg d'Étréchy, on aperçoit encore, à l'extrémité d'un joli village, un clocher gothique et isolé, échappé aux ravages des siècles. Sa flèche, quoique peu élevée, n'en présente pas moins l'aspect le plus pittoresque, en s'élançant du milieu des groupes d'arbres séculaires qui l'entourent. Il surmonte une chapelle assez régulière, modeste église de campagne, qu'on dit avoir été le chœur de l'ancienne église des bénédictins de Morigny. Les traces d'un édifice plus vaste et de plusieurs nefs se retrouvent encore en avant de la chapelle actuelle, sur un terrain aujourd'hui planté de grands arbres, et servant de place de réunion aux habitans du village. Ce clocher, cette chapelle, et ces débris, rappellent seuls à la pensée l'antique abbaye de Morigny, célèbre autrefois dans la contrée. Si des bâtimens modernes qui avoisinent l'église ont remplacé l'abbaye elle-même, ils n'ont rien qui rappelle en effet une pieuse destination, ni un séjour de cénobites; ils ont été récemment transformés en une délicieuse habitation, ornée de tout ce que le goût des embellissemens a pu y rassembler de mieux choisi.

L'origine du couvent de Morigny remonte à la fin du onzième siècle. Un gentilhomme, nommé Anselle, fils d'Arembert, touché de la sainteté des religieux de Saint-Germer de Flex, près Gournay, au diocèse de Beauvais, voulut que l'exemple de leurs vertus s'étendît en d'autres con-

Lith. Vormenin & Cie

RESTES DE L'ABBAYE DE MORIGNY.

trées. Il leur concéda d'abord tous les biens qu'il possédait au bourg d'Étréchy, près Étampes, et ensuite ceux dont il jouissait sur le territoire de Morigny. Quelques uns de ces religieux attirés par l'agrément de ce séjour, vinrent alors s'établir dans la vallée d'Étampes. Ils mirent aussitôt la main à l'œuvre, et en peu de temps ils eurent construit un monastère : « — O toi qui lis ceci, s'écrie « avec une sorte de fierté le chroniqueur du couvent, « admire et loue la constance de nos prédécesseurs. Ap-« prends comment ils surent par bien des fatigues et bien « des labeurs se fixer dans ces lieux, et bâtir, des aumônes « du pauvre, tous ces édifices qui frappent tes regards. « Nul roi, nul comte, aucun puissant seigneur ne les a « élevés (1). »

L'abbaye de Morigny demeura d'abord soumise en quelque sorte à celle de Saint-Germer de Flex, à laquelle elle payait chaque année une redevance. Quelques différends s'élevèrent ensuite entre les deux monastères, à l'occasion de ce tribut. Un gentilhomme du pays d'Étampes, attaché à la cour du roi Philippe Ier, parvint à concilier les parties, à l'aide d'une donation qu'il fit aux religieux de Flex; et la maison de Morigny devint entièrement indépendante de celle dont elle était sortie.

Il serait trop long et superflu d'énumérer ici toutes les donations et tous les priviléges dont, à partir de cette époque, cette abbaye fut gratifiée soit par les rois de France, par des évêques, des seigneurs; soit par les sou-

(1) Ex Chronico Mauriniacensi, lib. II. — Rec. des Hist. de Fr. t. XII.

verains pontifes eux-mêmes. Nous ne parlerons ici que des principales concessions. Le roi Philippe Ier doit être compté au nombre de ses plus insignes bienfaiteurs. Bâti sur un fonds tenu en fief d'Évrard, seigneur du Puiset, ce monastère était soumis envers lui à d'onéreuses redevances ; Philippe Ier l'en déchargea entièrement, après avoir lui-même acheté pour la somme de cent livres le fief de Morigny, alors qu'Évrard était pressé d'argent pour accomplir un voyage en terre sainte (1). Quelque temps après, ce même prince agit plus libéralement encore. L'église collégiale de Saint-Martin, sise à Étampes-les-Vieilles, et les églises de Saint-Albin, de Saint-Médard, situées à cette époque dans ce même quartier, devinrent autant de dons faits à l'abbaye par ce monarque. Le roi voulant que son fils aîné Louis approuvât solennellement cette donation, ce jeune prince, au rapport de la chronique du couvent, se rendit lui-même un jour à Morigny, accompagné d'Amaury, seigneur de Montfort, et de plusieurs autres seigneurs. Là, devant tout le chapitre assemblé, il se fit représenter les lettres-patentes de la concession, délivrées par le roi son père ; et pour marque de son approbation, il les déposa publiquement devant l'autel de l'église du monastère (2).

(1) Chronic. Maurin., lib. II.

(2) Chronic. Maurin., lib. I. L'église de Saint-Martin, dont les prébendes furent concédées aux religieux de Morigny, était desservie par des chanoines dont le chef portait le titre d'*abbé*. Ce chapitre fut supprimé par les lettres-patentes du roi Philippe Ier, et tous les droits qu'il possédait revinrent aux moines de Morigny. Ces donations importantes furent le motif des divisions dont il est parlé ci-après.

Pourquoi faut-il que les bienfaits de ces généreux monarques soient devenus la source de divisions funestes qui, durant le cours du douzième siècle, troublèrent le repos de la ville d'Étampes, et le paisible asile des fils de saint Benoît? C'est à regret que j'aborde un tel sujet; mais ces scènes se liant à des événemens dignes d'occuper une place dans l'histoire d'Étampes, l'historien de cette ville ne doit point les passer entièrement sous silence.

Les chanoines de l'église de Saint-Martin n'avaient pu voir sans jalousie les richesses dont les rois de France avaient comblé les religieux de Morigny, et la dépendance où ils allaient être vis-à-vis des supérieurs de ce monastère. Cette dépendance leur enlevait une grande partie de leurs revenus; aussi n'épargnèrent-ils rien pour secouer le joug qu'on voulait leur imposer.

Au jour de la Saint-Martin d'hiver, dit la chronique de couvent, Thomas, abbé de Morigny, se rendit à l'église d'Étampes-les-Vieilles, pour y célébrer une messe solennelle : mais les chanoines se révoltèrent contre lui, et le repoussèrent durement (1). Celui-ci, échappant à l'orage, vint se plaindre au roi Louis, qui convoqua dans son palais d'Étampes les chanoines rebelles, et les obligea à consentir au don fait à l'abbaye. Bientôt une nouvelle assemblée se tint à cette occasion dans l'église Notre-Dame de la même ville. Louis-le-Gros et Raoul, doyen du chapitre de Sens, délégué par l'archevêque Daimbert, y prirent place au milieu des chanoines de Saint-Martin. Le fruit de cette assemblée (1112) fut l'entier acquiescement

(1) Chronic. Maurin., lib. II.

de tous les membres à la donation faite par le roi Philippe aux religieux de Morigny (1).

Or, tout ceci se passait à l'instigation de l'abbé Thomas, homme actif, d'une énergie singulière, et incapable de transiger sur aucun des droits acquis au couvent dont il avait la garde. Non content des succès qu'il venait d'obtenir, il se rend à Rome, et admis en la présence du pape Pascal II, il requiert et reçoit pour son abbaye une confirmation plus positive encore des priviléges que la munificence royale lui avait départis.

De nouvelles difficultés amenèrent plus tard de nouveaux débats; le roi convoqua une assemblée d'évêques à Melun. L'archevêque Daimbert y parla au nom du monarque, et déclara que les droits prétendus des religieux du monastère resteraient suspendus jusqu'à l'arrivée du pape, dont la renommée avait annoncé la prochaine présence sur ces bords.

Calixte II, souverain pontife, que les affaires de la chrétienté retenaient alors en France, ne tarda point en effet à passer par Étampes. Il y fut reçu avec de grands honneurs, et logea dans le palais du roi. Le monarque se rendit lui-même avec toute sa cour dans cette ville pour l'y recevoir dignement (1). Thomas, abbé de Morigny, jugea cette occasion favorable pour faire valoir ses droits. Il redoubla de prières et d'instances auprès des cardinaux, qu'il avait su réunir en présence du pape, du roi et de la reine; et il parvint à gagner les bonnes grâces du souverain pontife.

(1) Chron. Maurin., lib. II. Voy. aussi Rec. des hist. de Fran. t. XII, p. 70.

(2) Chron. Maurin., lib. II.

Le 3 octobre 1119, Calixte II se rendit à l'abbaye de Morigny; et là, au milieu d'une nombreuse assemblée de prélats et de seigneurs, il fit avec une grande pompe la consécration de l'église du monastère (1).

Je dépasserais les bornes que je me suis prescrites, si j'entreprenais de retracer ici avec détail les sollicitations, les plaintes, les murmures, et les démarches de toute sorte, dont deux partis rivaux ne cessèrent d'environner le souverain pontife, durant son séjour à Étampes, à Corbeil, ou dans les contrées voisines. Ces funestes divisions nous présentent un bien triste tableau des passions des hommes, au sein de cette société du moyen âge, où d'autres scènes si riantes viennent parfois charmer nos yeux. Disons seulement qu'après bien des alternatives de succès et de revers, ce fut à l'abbaye de Morigny que demeura enfin le prix de la victoire. Une nouvelle charte du roi Louis-le-Gros, donnée en sa faveur l'an 1120, confirma toutes les donations faites par le roi son père; ce monarque y ajouta lui-même d'autres droits, en prenant sous sa protection et sauve-garde le monastère avec tous les biens qu'il avait acquis et tous ceux qu'il pourrait plus tard acquérir (2).

Avant de nous éloigner des souvenirs de cette abbaye antique, citons encore l'un de ces événemens qui passeraient inaperçus dans l'histoire générale d'une contrée, mais qui occupent toujours une grande place dans les annales d'un monastère. Au mois de janvier 1131, le pape Inno-

(1) Chron. Maurin., lib. II.

(2) Voir le *Gallia christiana*, t. XII, preuves.

cent II, se rendant de Chartres à Paris, voulut revoir l'abbaye de Morigny, au sein de laquelle, lorsqu'il était simple légat en France, il avait reçu mainte fois la plus digne hospitalité. Le souverain pontife voulait aussi gratifier de sa présence la noble cité d'Étampes, où, dans un concile tenu naguère, il venait de recevoir le plus insigne honneur (1). Le 20 janvier 1131, il arriva donc dans cette ville; il était accompagné de nombreux prélats, et d'autres personnes de haute distinction. Innocent II choisit pour sa retraite l'abbaye de Morigny : mais le monastère ne pouvant loger toute sa suite, une partie des prélats demeura dans Étampes (2).

Le pape séjourna deux jours à Morigny, durant lesquels il fut traité avec la plus grande splendeur. Touché du bon accueil qu'il avait reçu, il ne voulut point sortir de l'abbaye sans y laisser un souvenir de son séjour. Il fit donc lui-même dans l'église du couvent, la consécration d'un autel érigé naguère en l'honneur de saint Laurent et de tous les saints martyrs. Cette cérémonie fut célébrée avec la plus grande pompe. La chronique de Morigny n'a point manqué de recueillir les noms des principaux personnages qui s'y trouvaient présens. On y comptait jusqu'à douze cardinaux ou évêques. Henry, archevêque de Sens, remplit auprès du pape les fonctions de chapelain. Geoffroi, évêque de Chartres, adressa un beau dis-

(1) Voy. ci-après (même chapitre) le concile national tenu à Étampes l'an 1130, et dans lequel Innocent II fut reconnu pape légitime, à la honte d'Anaclet, son audacieux rival.

(2) Chron. Maurin., lib. II.

cours à toute l'assemblée. Des hommes renommés dans l'Europe entière par leur savoir et leur éloquence, assistaient à cette cérémonie ; c'était Pierre Abeilard, ce célèbre docteur des écoles, vers lequel on accourait en foule de tous les lieux de la chrétienté ; c'était l'illustre saint Bernard, le pieux solitaire de la vallée d'*absinthe*. Le front tout rayonnant encore d'un triomphe récent, obtenu au sein même de la vallée d'Étampes, le cénobite de Clairvaux contemplait ici son propre ouvrage, en voyant revêtu des insignes du souverain pontificat, celui dont sa foudroyante éloquence avait naguère vaincu l'ambitieux et injuste rival (1).

Le lendemain de cette auguste cérémonie, célébrée avec des réjouissances et des témoignages d'une vive allégresse, Innocent II quitta l'abbaye de Morigny, et suivi de son cortége il se dirigea vers la ville de Liége, où l'attendait une entrevue avec l'empereur (2).

(1) Le lecteur s'apercevra qu'en rapportant ici la visite d'Innocent II à Morigny, nous avons interverti l'ordre des faits. Mais si nous plaçons dans ces pages cet événement avant la description du concile qui le précéda, on doit voir que c'est uniquement pour ne point interrompre la marche des récits concernant l'abbaye dont nous esquissons l'histoire.

(2) L'auteur de l'*Histoire physique, civile et morale des environs de Paris*, M. Dulaure, au tome VII de son ouvrage, fait aussi mention de la cérémonie que nous venons de rapporter. Il est curieux de voir comment en parle cet écrivain : « — Le pape « Innocent II, le 20 janvier 1131, arriva à Étampes, se rendit « à Maurigny où il consacra un autel ; et cette cérémonie reli-« gieuse fut terminée par un très grand bal (*maximo tripudio*). « Parmi ceux qui assistèrent à cette consécration, on remarquait « Bernard, abbé de Clairvaux, fameux par son éloquence véhé-

La maladrerie de Saint-Lazare d'Étampes doit un instant fixer nos regards à son tour. Ce monument, dont il ne reste plus aucune trace aujourd'hui, fut bâti anciennement et doté par la piété de nos rois et de quelques seigneurs. Il était situé près la route de Paris, un peu au delà du quartier dit encore les *Capucins*. Cet édifice, dont l'église était sous l'invocation de saint Michel-Archange, et de saint Lazare, évêque de Marseille, avait été construit pour recevoir et nourrir de pauvres lépreux, séparés du commerce des hommes. On sait que le fléau de la lèpre, triste fruit importé en France par nos guerriers à leur retour de la croisade, exerçait alors de cruels ravages dans nos contrées. Le sort du lépreux était des plus misérables : relégué en dehors des villes, des lois sévères le privaient de sa liberté. Exilé dans quelques ruines désertes, il errait solitaire au sein des campagnes, agitant sa *crecelle* pour éloigner les passans; et la pitié, en détournant la vue, lui accordait à peine quelques alimens pour soutenir sa vie. Mais la charité chrétienne vint en aide à ces infortunés. Elle créa de pieux asiles pour recueillir ceux que le monde repoussait, et sut par des soins assidus soulager leurs douleurs. Il est honorable pour la ville d'Étampes d'avoir ouvert l'une des premières un de ces asiles. La léproserie de Saint-Lazare fut fondée

« mente, ses fausses prophéties et sa sainteté; et le savant et in-
« fortuné Pierre Abeilard. La chronique ne dit point s'ils dansè-
« rent. (t. VII, p. 275.) »

Il ne nous appartient pas de discuter l'exactitude d'une pareille description : disons du moins que le récit d'un tel événement méritait plus de gravité de la part de l'historien.

sans doute vers le commencement du douzième siècle. Le roi Louis-le-Gros fut son premier bienfaiteur. On conserve un diplôme de ce prince de l'an 1120, qui donne aux pauvres lépreux de la ville d'Étampes, la quantité de terre suffisante pour le labourage d'une charrue, au village de Boissi; un muid de froment, mesure de Paris, sur son moulin d'*Arnatal* d'Étampes, et deux muids de vin de ses vignes (1).

Louis VII, dit le Jeune, accorda la même protection que son père à la maladrerie de Saint-Lazare. Par des lettres patentes de l'an 1147, il la gratifia de nouvelles concessions. Nous les avons déjà fait connaître ailleurs, en rappelant l'origine de cette belle foire de *Saint-Michel,* qui se célèbre encore après plusieurs siècles aux portes d'Étampes, avec non moins de bruit et d'éclat sans doute qu'aux temps des anciens rois, ses premiers fondateurs (2).

Ainsi que la maison des lépreux, celle des *Trinitaires* ou des *Mathurins,* située autrefois dans l'enceinte d'Étampes-les-Vieilles, n'a laissé sur le sol aucun de ses débris. L'*ordre de la Trinité,* institué par saint Jean-de-Matha, gentilhomme de la Provence, pour le rachat des chrétiens tombés entre les mains des infidèles, commençait à peine sa glorieuse existence, quand déjà la ville d'Étampes avait reçu dans son sein quelques uns de ses disciples. C'est vers

(1) In Christi nomine. Ego Ludovicus Dei gratiâ rex Francorum... Infirmis Stampensibus videlicet leprosis, donavimus terram arabilem quantum sufficere uni carrucæ in villâ Bussiaci; etc. (Voir Rec. des hist. de France.)

(2) Voir chapitre Ier, page 9.

l'année 1198 que remonte l'époque de sa fondation. Or, Robert Gaguin, dans sa chronique, remarque qu'Étampes vit des religieux de cet ordre s'établir dans ses murs au temps de Philippe-Auguste, vers l'an 1200. Une bulle du pape Innocent III., du 22 mai 1209, en plaçant sous sa protection leurs monastères naissans, donne la quatrième place à celui d'Etampes.

Cette maison des *Mathurins* était placée, comme nous l'avons dit ailleurs, au milieu de la grande rue qui joint *Etampes-les-Vieilles* avec le faubourg du *Haut-Pavé*. Sur ce même terrain, on voyait une aumônerie, dite des *Bretons*, qui devint la propriété du monastère. Une ancienne et obscure tradition rapportait la fondation de cette aumônerie à la reine Brunehaut, qui l'aurait fait construire en reconnaissance des services rendus par des Bretons dans une bataille livrée auprès d'Etampes. Mais cette origine est dénuée de fondement. Le nom de *Chantereine* ou *Champreine* (à Campo Reginæ) donné à un moulin situé sur la rivière de *Chalouette*, et qui était la propriété la plus considérable de cette aumônerie, n'est point une preuve à faire valoir en cette occasion. Cette dénomination porterait à croire seulement qu'une reine, dont l'histoire n'a point conservé le nom, fut la bienfaitrice de cette maison *hospitalière*.

Non loin de cette même enceinte d'Etampes-les-Vieilles, et plus près de la partie de la ville dite le *Haut-Pavé*, on voyait autrefois un autre asile, dit l'*Hospice de Saint-Jean*, dont la chapelle était dédiée à saint Jean l'Évangéliste et à saint Altin, l'un des compagnons de

Savinien et Potentien, apôtres de ces bords. Cet hospice était appelé plus anciennement le *Refuge des pauvres*. On ignore le nom de son véritable fondateur. Une charte du roi Philippe Ier, donnée à Etampes, l'an 1085, nous apprend qu'il fut doté par ce monarque de revenus considérables.

Tels sont les premiers asiles que la charité avait ouverts dans la ville d'Etampes, aux souffrances, à la pauvreté, ou aux généreux dévoûmens. Mais un faible intérêt s'attache aujourd'hui à ces monumens, qui ont entièrement disparu de la surface du sol. Aussi n'ai-je point dû m'arrêter long-temps à les décrire.

Une autre tâche réclame nos soins en ce moment. Amenés par les détails précédens sur le terrain des souvenirs religieux qui se rattachent aux annales de cette contrée, nous ne le quitterons point sans avoir consacré quelques lignes aux Conciles tenus à Etampes durant le cours du moyen âge. Mais passant rapidement sur ceux dont les suites eurent moins d'importance, nous nous hâterons d'arriver à ce Concile national, célèbre dans notre histoire, où la puissante éloquence du solitaire de Clairvaux sut conserver à la chrétienté le calme et la paix qu'un schisme naissant allait lui ravir.

Le premier Concile provincial tenu à Étampes, est celui qui fut présidé, l'an 1048, par Gerduin, archevêque de Sens, en la présence du roi Henri Ier. L'histoire n'a point transmis de détails sur les causes de sa convocation et sur les décisions rendues par cette assemblée. —

L'auteur de la *Vie des archevêques de Sens* se contente de mentionner les prélats qui en firent partie (1). Ce silence qui fait soupçonner son peu d'importance, nous dispense de nous étendre plus long-temps sur ce sujet.

Le second de ces Conciles fut convoqué, en l'année 1092, par Richer, archevêque de Sens, sous le règne de Philippe Ier. Après la déposition faite par le pape Urbain II, de Geoffroi, évêque de Chartres, accusé de simonie, le clergé et le peuple de cette ville avaient élu en sa place un prêtre nommé Yves. Sur le refus de Richer, archevêque métropolitain, de lui imposer les mains, ils avaient eu recours au souverain pontife, qui le consacra lui-même le 23 novembre 1091. A cette nouvelle, Richer, loin de se soumettre, convoqua une assemblée de ses suffragans en la ville d'Étampes, pour y faire examiner et condamner la conduite d'Yves. Le nouveau prélat y comparut, et fut accusé par le métropolitain du crime de lèse-majesté, pour s'être fait sacrer sans permission hors du royaume. Les évêques présens, entraînés par ses discours, se disposaient à prononcer contre Yves une sentence de déposition, quand celui-ci, prévoyant leur dessein, interjeta appel au souverain pontife, de tout ce qu'ils oseraient décider. Le cours de l'entreprise dirigée contre lui fut alors suspendu; peu après, cette entreprise elle-même se termina à la honte des prélats et à la gloire du vertueux Yves, dont l'élection d'ailleurs était en tous points juste et légitime (2).

Un troisième Concile provincial fut tenu à Étampes, en

(1) Voy. Diction. de Moréri, t. II, p. 664.

(2) Voy. *Apud Yvon, Carnot. Epist. — Doyen, Hist. de Chartres.*

l'année 1112, sous le règne de Louis-le-Gros. Daimbert, homme d'illustre naissance et adonné dès sa jeunesse à l'étude des belles-lettres, avait remplacé Richer sur le siége de Sens. Dans le dessein d'aviser aux moyens d'arrêter les désordres et les vices qui régnaient parmi les peuples confiés à ses soins, il convoqua une assemblée de tous les évêques de sa métropole; et ce fut encore la ville d'Étampes qu'il choisit pour en être le théâtre. Trois sujets différens occupèrent les séances de ce Concile. Après avoir écouté les plaintes que l'on fesait de toutes parts sur les débordemens de Philippe de Pons, évêque de Troyes, tous les membres présens s'accordèrent à écrire à ce prélat, pour lui témoigner leur douleur de sa conduite et le ramener dans la droite voie dont il était sorti. On procéda ensuite à la consécration d'un évêque de Nevers, que le clergé et le peuple de cette ville avaient élu nouvellement. Enfin, on fit plusieurs sages ordonnances pour la réforme des mœurs (1).

Mais entre toutes ces diverses assemblées, la plus célèbre et la plus importante est le Concile national convoqué à Étampes, l'an 1130, sous le règne de Louis-le-Gros.

Le pape Honorius II venait de mourir à Rome (14 février 1130). Pour éviter les maux qu'occasione d'ordinaire la vacance du saint siége, les cardinaux présens dans la capitale du monde chrétien s'étaient empressés d'élire

(1) Voy. *les Lettres d'Yves, évêque de Chartres*, 76e, 79e. — Baillet.

Grégoire, romain d'illustre naissance, qui prit le nom d'Innocent II. Mais une élection si prompte déplut à plusieurs autres cardinaux, évêques ou seigneurs, et à une partie du peuple romain. Ils se plaignaient de la précipitation apportée dans une affaire aussi grave, qui ne devait point, disaient-ils, se terminer sans leur concours. Regardant donc cette élection comme nulle, ils se rassemblèrent et choisirent de leur côté, pour souverain pontife, Pierre de Léon, qui fut reconnu pape sous le nom d'Anaclet II. Pierre de Léon avait étudié en France, et était entré à l'abbaye de Cluny. Le pape Gélase II l'en avait tiré pour le revêtir de la pourpre, à la prière de son père, homme puissant et capitaine d'une bravoure éprouvée. Mais il était en tous points indigne de l'éclatant honneur auquel un parti rival et jaloux venait de l'élever. A peine a-t-il appris la nouvelle de son élection, qu'il s'empare, à l'aide de la violence, de l'église Saint-Pierre de Rome. Il parcourt ensuite, avec une brillante cavalcade, la ville entière; et son passage est partout le signal des plus grands désordres. Les historiens du temps ont retracé d'affreux tableaux de ces funestes excès. « Vous auriez vu, dit l'abbé « de Clairvaux, l'abomination régner dans le lieu saint, « par la fureur brutale de celui qui, pour s'en rendre « maître, attise la flamme dans le sanctuaire de Dieu. Il « persécute Innocent, et avec lui l'innocence tout entière « est persécutée (1). »

Cet infortuné pontife, contraint de fuir devant la puis-

(1) . . . . . Persequitur Innocentem, et cum eo omnem innocentiam. (Bernard, Epist. 124.)

sance de son ennemi, n'hésita point à se réfugier sur la terre de France. Il s'était arrêté à Pise, et de là, il avait envoyé des légats à tous les princes chrétiens, pour se faire reconnaître souverain légitime. Le roi Louis-le-Gros, vivement ému à l'aspect des maux qui menaçaient l'Église, convoqua tous les prélats du royaume; et c'est la ville d'Étampes qui fut choisie pour la réunion de cette mémorable assemblée.

On regrette que l'histoire n'ait point indiqué dans quel édifice vinrent siéger les pères de ce concile; mais on peut croire avec quelque fondement que ce fut dans l'église de Notre-Dame, alors comme aujourd'hui, la plus grande et la plus belle entre toutes celles de la ville. Qu'on se figure donc, au milieu de cette vaste nef pleine encore des souvenirs du pieux Robert, son royal fondateur, la nombreuse assemblée de tout l'épiscopat des Gaules! Qu'on se représente tant de prélats accourus de tous les points du royaume, prêtant en silence une oreille attentive à la parole entraînante et sublime d'un homme du désert, l'oracle de son siècle et l'arbitre des rois! Certes un pareil spectacle devait avoir un vénérable caractère, un aspect imposant; et c'est quelque honneur pour la ville d'Étampes d'avoir été le champ où une si importante querelle a reçu son heureux dénouement.

Mais quel est ce mortel dont la voix puissante va maîtriser ainsi tous les cœurs, et les entraîner dans les voies de la justice et de la vérité? C'est l'un de ces hommes que la Providence fait naître aux époques critiques, comme pour retenir la société ébranlée, et l'empêcher d'aller se briser dans l'abîme que les passions, l'erreur ou l'ignorance ont creusé sous ses pas. Entre tous ces hommes dont l'influence et l'ascendant merveilleux sur l'esprit de leur siècle ont frappé les regards des historiens, on doit ranger l'illustre saint Bernard. Ce noble descendant des Châtillon et des Montbard, dédaignant de bonne heure un monde dont ses talens, sa grâce et sa beauté l'auraient rendu l'idole, avait quitté le château de son père, et, comme une timide colombe, s'était envolé au désert. Mais le monde qu'il abandonnait, accourait à lui; plus il se cachait, plus sa renommée répandue au loin le forçait souvent à sortir de sa retraite, pour se mêler au conflit des peuples et apporter la paix partout où la discorde soufflait sa fureur. Bernard n'avait que trente ans encore, et déjà il n'y avait en Europe aucune nation qui ne l'eût pris pour médiateur, aucune église qui n'eût imploré l'appui de ses lumières. Fléau des hérésies, la terreur des seigneurs injustes et des princes criminels, il avait par sa seule présence suspendu la marche des armées victorieuses. Plus d'une fois il fut l'arbitre des conseils des rois; il faisait déposer à son gré les évêques et les magistrats; et lorsqu'il voyait un de ses disciples s'asseoir sous le nom d'Eugène sur le trône du Vatican, il aimait lui, vainqueur de tous les obstacles, à revenir simple et pauvre au fond de sa solitude. Là, demandant à Dieu le pardon de sa gloire, Bernard, jeune amant de la nature et de la joie des anges, savourait à loisir les charmes divins de la vérité; son âme fougueuse et tendre, rêveuse et sensible, puisait de nouvelles forces dans le silence du désert; il composait des traités, des discours sublimes, veillait sur les soixante monastères qu'il avait fondés, et, bien qu'invisible au monde, il semblait le gouverner encore par la force de son esprit et l'autorité de sa vertu (1).

Tel est l'homme extraordinaire entre les mains duquel l'auguste assemblée convoquée à Étampes va remettre le soin de prononcer une décision. Tous sont d'avis de s'en rapporter à ses lumières. Pressé par le roi Louis-le-Gros, de se rendre au concile, Bernard s'était mis en marche, non sans beaucoup de frayeur et de tremblement, comme plus tard il l'avouait lui-même (2). Il comprenait toute la gravité de sa mission et le grand péril qui menaçait l'Église. Mais durant sa route, des images consolantes vinrent remplir de confiance l'âme de l'humble solitaire. L'historien de sa vie rapporte qu'il aperçut en songe durant la nuit une vaste basilique, où, dans un accord unanime, de nombreuses voix chantaient les louanges de Dieu (3). Il ne douta point alors qu'une paix heureuse ne fût sur le point de succéder au trouble. Plein de foi et d'espérance, il arrive à Étampes. Après s'être recueilli dans le jeûne, et préparé par la prière à recevoir le secours divin, il se rend à l'assemblée. Dans un profond silence, chacun des assistans attendait les paroles qui allaient sortir de sa bouche, prêt à les recevoir comme l'oracle

(1) Guill. Vita S. Bern. — Villefort, Vie de saint Bernard. — Gibbon. — Fleury. — Baronnius. – Saint Bernard, epist., etc.

(2) . . . . . Sicut posteà fatebatur, nec mediocriter pavidus et tremebundus advenit, periculum quippè et pondus negotii non ignorans. (Bern. Abbas, Vitâ in sancti Bernardi, lib. II.)

(3) In itinere tamen consolatus est eum Deus, ostendens ei in visu noctis, ecclesiam magnam concorditer in Dei laudibus concinentem, undè speravit pacem sine dubio proventuram. (Vita sancti Bernardi.)

de la vérité. Il se lève enfin, et entrant aussitôt dans le fond de la cause, il examine tour à tour avec le plus grand soin l'ordre de l'élection des deux pontifes, leur mérite personnel, et la réputation de chacun d'eux. Bernard avait été lié autrefois avec Anaclet. Ce nouveau pontife, proclamé à Rome, appuyé par la noblesse et le peuple de cette ville, et maître de l'église de Saint-Pierre, avait en outre entraîné dans son parti les rois de Sicile et d'Angleterre (1). Mais cette puissance n'était que le fruit de son intrigue. L'élection d'Innocent, au contraire, outre qu'elle avait la priorité sur celle de son rival, était due toute entière, à son savoir, à sa piété, et à ses éminentes vertus. Après un mûr examen sur les prétentions des deux rivaux, Bernard prononce donc en faveur du pape Innocent II; et l'assemblée des prélats, enchaînée par ses discours, ratifie sur le champ d'une voix unanime cette importante décision (2).

Le roi et tout son royaume reconnurent alors pour légitime successeur de Pierre, celui que venait de choisir le concile d'Étampes. Ce monarque se rendit aussitôt avec la reine et son fils aîné à l'abbaye de Fleury-sur-Loire, où se trouvait en ce moment Innocent II. Là, se prosternant à ses pieds, il lui donna des preuves manifestes de son obéissance filiale. Ce pontife s'étant rendu à Chartres, Henri, roi d'Angleterre, que les conseils de Bernard

(1) Chron. Benev. et diplom., apud Baron. — Chron. Cass., t. IV.

(2) Vita sancti Bernardi. — Fleury. — Villefort. — Le père Racine, Abrégé de l'hist. ecclés., t. V, p. 35. — Concil., t. XXVII. — Chron. Maurin.

avaient détaché d'Anaclet, vint le trouver dans cette ville, et reconnut pareillement sa suprême autorité (1).

Ce fut peu de temps après ce mémorable événement que ce même pontife, ainsi que nous l'avons vu plus haut, visita l'abbaye de Morigny, et demeura plusieurs jours au sein de cette vallée d'Étampes, où il venait de recevoir un si beau triomphe. Mais qu'était devenu l'homme puissant dont ce triomphe était l'ouvrage? Après avoir, au rapport des chroniques, signalé sa présence en ces lieux par quelques uns de ces prodiges de bienfaisance qui lui étaient, dit-on, familiers, il s'était dérobé aux acclamations des peuples de ces bords (2). Il avait repris avec une ardeur nouvelle le cours de ses travaux; et parcourant des contrées étrangères, il s'efforçait d'éteindre partout, de sa voix éloquente, le feu naissant d'un schisme dont il avait si heureusement délivré sa patrie.

(1) Vi a Ludov. Gros. apud Sugerium.

(2) . . . . . Reddidit tamen illic (Stampis) auditum surdo, phrenetico quem ligatum attulerant, mentem; mulieribus duabus visum, alteri quidem unius oculi, alteri utriusque. . . . .

(Ex actis sanctorum et illustrum virorum gestis. — Rec. des hist. de Fr., t. XIV.)

Chapitre neuvième.

Grande assemblée de seigneurs convoquée par Louis-le-Jeune en son palais d'Étampes. — Suger, abbé de Saint-Denis. — Concessions diverses de Louis VII aux habitans d'Étampes. — Templiers. — Monnaies d'Étampes.

L'histoire d'Étampes ne présente point, comme celle d'autres villes plus considérables, une suite d'événemens continus, qui s'enchaînent mutuellement et offrent dans leur ensemble un lien insoluble d'unité. Quelques faits isolés, épars en nos annales, dans lesquels cette cité a joué un rôle important, ou dont elle a été simplement le théâtre, voilà quelles sont encore le plus souvent, aux siècles que nous venons d'atteindre, les seules sources où se reflète çà et là son image.

On a vu dans le chapitre précédent les détails des conciles tenus à Étampes. Une autre assemblée convoquée par le roi Louis-le-Jeune, dans son palais de cette ville, ne mérite pas moins de trouver place dans ces récits. Si, dans l'une de celles dont nous avons esquissé l'histoire, un illustre solitaire est apparu pour y régner en maître par la force de son éloquence ; ici encore nous voyons briller d'un éclat semblable, au sein de la même cité, un de ces hommes, oracles de leur siècle, dont l'heureuse influence dans les conseils des rois assure aux peuples une durable félicité.

Louis VII, surnommé *Florus*, par la cour de France, à cause de sa beauté, mais plus connu sous le nom de Louis-le-Jeune, tenait depuis peu de temps les rênes de l'État. L'incendie de Vitry et le massacre de ses habitans, tristes fruits de la colère et de l'orgueil de ce monarque, avaient troublé son âme par le remords. On lui conseilla d'entreprendre une nouvelle croisade, en lui citant l'exemple de grands coupables qui avaient trouvé dans un voyage en Palestine un soulagement à leurs douleurs. Le roi se laissa persuader, et de toutes parts on se disposa à partir pour cette lointaine contrée. De puissans seigneurs avaient pris la croix à la suite de leur prince. Durant leurs apprêts de départ, Louis VII convoqua une grande assemblée de prélats et de barons chargés d'élire un régent du royaume. Or, cette auguste assemblée à laquelle présida le roi lui-même, se tint dans la ville d'Étampes. C'était le 16 février 1147. Le palais construit par la reine Constance se remplit aussitôt de nobles seigneurs ; là se trouvèrent réunis les comtes de Blois, d'Angers, de

Flandre, de Nevers, ainsi que bon nombre d'autres puissans personnages, venus de loin, et dont l'histoire n'a point recueilli les noms. Chacun portait ses regards autour de soi, et cherchait quel serait l'hómme le plus digne de gouverner la France durant l'expédition d'outre-mer qui se préparait.

Dans cette même assemblée se tenait, modèste et recueilli, un vénérable vieillard dont la France entière avait déjà mainte fois reconnu les talens, alors qu'elle goûtait les fruits précieux de sa sagesse profonde. Orphelin obscur et pauvre, il avait vû les jours de son adolescence s'écouler paisibles et studieux sous les cloîtres de l'abbaye de Saint-Denis. Dans cette antique enceinte, devenue depuis les fils de Clotaire la sépulture de nos rois, souvent alors les princes héréditaires venaient passer eux-mêmes quelques unes de leurs jeunes années. « Leur enfance, dé-
« robée aux adulations des courtisans, recevait d'utiles le-
« çons dans ces cloîtres religieux...... C'est là qu'entre les
« tombeaux qui n'ont jamais flatté, et l'autel où les mal-
« heureux venaient implorer l'assistance divine, ils appre-
« naient de bonne heure à marcher dans l'étroit sentier de
« la justice (1). » Élevé comme lui dans cet asile, le fils de Philippe Ier avait connu l'orphelin, et une vive amitié avait bientôt uni leurs cœurs. Parvenu au trône, Louis VI n'eut garde d'oublier le compagnon de son enfance : il l'appela dans ses conseils, lui confia plusieurs missions importantes, et l'éleva par degrés au ministère : l'histoire a dit comment cet homme sage et habile se montra digne

(1) Marchangy, Gaule poétique.

de cet honneur. Le roi Louis VII avait hérité des sentimens de son père pour son ancien ami ; et sous ce nouveau règne, le ministre de Louis-le-Gros était encore l'âme des conseils du jeune monarque et l'arbitre des destinées de la nation (1).

Cet homme puissant en œuvres et en discours, c'était Suger, abbé de Saint-Denis ! Lorsqu'on résolut la seconde croisade, il s'était opposé à cette funeste expédition. Mais ses efforts cette fois avaient été vains : l'élan était donné ; rien ne pouvait en arrêter le cours. Et cependant telle était la force du secret ascendant exercé par ses talens et ses vertus, que dans cette occasion même, il fut, d'une voix unanime, élu régent par l'assemblée d'Étampes (2).

Cette importante élection fut ratifiée sur le champ par le monarque, qui applaudit au choix fait par les prélats et les barons. Mais lorsque toutes les voix s'accordaient à louer l'habileté et la prudence du nouveau régent, Suger, lui seul, refusait un fardeau dont il connaissait tout le poids. Le devoir de l'obéissance à la plus vénérable autorité, était seul capable de vaincre sa répugnance. Or, il arriva vers ce même temps que le souverain pontife Eugène, se trouvant dans les Gaules, se rendit à l'abbaye de Saint-Denis ; on lui apprit la décision de l'assemblée ; et le pape, digne appréciateur du mérite de Suger, l'obli-

(1) Guill., *Vitâ Sugerii.* — Rec. des hist. de Fr., t. XII. — Suger., Vitâ Ludov. Gros., etc.

(2) « Le choix de l'assemblée, dit M. de Marchangy, devait « obtenir l'approbation et les suffrages du peuple, en telle sorte « qu'on peut dire avec justesse que c'est la France entière qui a « nommé Suger régent du royaume. » (Gaule poétique, note.)

gea aussitôt, par un ordre exprès, d'accepter la charge qu'il s'obtinait à refuser (1).

Il est flatteur pour la ville d'Étampes d'avoir été le théâtre de cette mémorable assemblée. Le choix important que firent les nombreux seigneurs réunis dans son sein, a puissamment influé sur les destinées de la France; la sagesse, la prévoyance et les vertus de Suger, surent triompher de tous les complots des ennemis de l'État; il y fit refleurir la prospérité et la paix; et la France toute entière, tombant à ses pieds, lui décerna dans sa reconnaissance, le beau surnom de *père de la patrie* (2).

Dès la première année du règne de Louis VII, nous voyons ce monarque tourner des regards bienveillans vers les habitans d'Étampes, et publier une ordonnance en

(1) Ex Chron. abb. Sancti Dionys. — Vita Sugerii.

(2) L'histoire nous a conservé une lettre de Suger à Louis-le-Jeune, pour l'engager à revenir de la Palestine. Je ne puis résister au désir d'en citer ici quelques fragmens; on ne lit pas sans attendrissement ces paroles si pleines de dévouement, adressées au monarque par son vieux serviteur. — « Pourquoi, souverain « chéri, pourquoi, cher maître, ah! pourquoi nous fuyez-vous? « Les perturbateurs de votre état sont revenus, et vous, qui de- « vriez nous défendre, vous vous exilez comme un banni; vous « abandonnez votre royaume aux invasions....... Vos maisons « royales, vos châteaux, sont bien entretenus, mais il y manque « votre présence. J'étais déjà bien vieux à votre départ, et mes « cheveux achèvent de se blanchir dans des fonctions pour les- « quelles je consume ma vie avec joie, sans autre ambition, « sans autre vue, que mon amour pour votre majesté et pour mon « devoir........etc. » (Voy. Epist. 57, Suger, Recueil de Duchesne, t. IV. — M. de Marchangy, Gaule poétique.)

leur faveur (1). Elle est surtout relative à la vente des vins, qu'il s'efforce de rendre plus facile. L'une des clauses exempte chaque bourgeois de l'onéreux tribut dont il était redevable dans cette occasion au prévôt et au lieutenant du roi. Mais la clause la plus importante de ce diplôme, est celle par laquelle Louis-le-Jeune promettait de ne faire sa vie durant, aucune altération à la *monnaie d'Étampes*, qui avait cours dans son territoire; et de ne point souffrir qu'elle fût altérée par autrui, sous peine d'un sévère châtiment. On voit par là, ce qui d'ailleurs est confirmé par d'autres monumens historiques, qu'il existait, sous les premiers rois de la troisième race, une monnaie particulière frappée à Étampes. Nous aurons tout à l'heure l'occasion de revenir sur cet intéressant sujet.

Louis VII, dans la suite de son règne, donna de nouvelles preuves de sa sollicitude pour la ville d'Étampes. Il publia pour elle plusieurs beaux réglemens de police; et par ces sages institutions, il retranchait une foule d'abus provenant de la négligence de ses officiers. Parmi ces articles réglementaires qui avaient tous pour but de garantir les droits des habitans ou de maintenir chez eux le bon ordre, les plus intéressans sont ceux relatifs aux duels. On sait qu'au moyen âge le duel judiciaire en champ clos était d'un usage ordinaire, lorsqu'il s'agissait de se purger d'un crime dont on était accusé, ou de soutenir une vérité contre un adversaire. Alors des gages de bataille étaient jetés de part et d'autre devant le juge,

(1) Ce diplôme, daté de Paris, est de l'an 1137.

qui faisait aussitôt entrer en lice les deux champions, et l'issue du combat décidait la querelle (1). Il n'est pas sans intérêt de voir nos rois s'efforcer par degrés, à l'aide de mesures prudentes, de rendre moins fréquent l'emploi de ces coutumes barbares, en attendant que les lois bienfaisantes de l'Église vinssent les abolir entièrement. Ainsi Louis VII, par de sages réglemens, défendait au prévôt d'Étampes de contraindre aucun habitant de donner le gage de bataille, avant qu'on eût jugé légitime le motif du combat. Il lui défendait également de recevoir au combat un champion mercenaire, loué pour cet objet; et d'exiger du vaincu, à moins qu'il ne s'agît d'un grand crime, plus de *soixante sols* pour son propre droit, de *six livres* pour le roi et de *trente-deux sols* pour le champion victorieux. Ce monarque arrêtait de la sorte l'avidité des prévôts qui, par l'espoir de tirer du vaincu une grosse amende, étaient enclins à donner le gage de bataille indifféremment à toute espèce de personnes et pour le moindre sujet. Quant à la défense d'admettre au duel un champion mercenaire, c'était une loi sage, qui remédiait à un abus dont les annales de la ville d'Étampes pouvaient elles-mêmes offrir un exemple récent. Dans une lettre adressée par le comte de Nevers à Suger, nous voyons en effet ce seigneur inviter l'illustre abbé de Saint-Denis à se trouver la veille du jour de la *chaire de saint Pierre*, dans l'enceinte d'Étampes, où Geoffroy de Doury et un de ses gentilhommes doivent combattre en champ clos pour sa propre querelle (2). On ignore ce qui advint

(1) Voy. Recher. sur la Fr., par Pasquier, liv. IV, c. 1.
(2) Lettres de l'abbé Suger, XXIV.

de ce duel : mais son souvenir montre du moins que les réglemens sur ce sujet, donnés à Étampes par Louis-le-Jeune, ne devaient point être dans la suite un stérile bienfait.

Le nom du territoire d'Étampes se retrouve souvent mêlé aux récits des largesses dont, à l'exemple de plusieurs autres rois de France, Louis VII enrichit de célèbres églises et d'illustres monastères. En suivant le cours des libéralités de nos monarques, plus d'une fois en effet, on reconnaît que les objets de leurs donations furent quelques uns de ces nombreux moulins ou autres domaines dont ils étaient possesseurs dans la vallée d'Étampes (1). Or, dans le texte de ces actes d'un âge si éloigné de nous, on retrouve le nom même, quoique souvent défiguré, que ces moulins ou autres propriétés, après plusieurs siècles, conservent encore aujourd'hui (2). Plusieurs anciens documens attestent que quelques uns de ces revenus furent aussi attribués aux religieux hospitaliers de l'ordre du Temple. Ceci devrait nous inviter à rechercher si cet ordre militaire, fruit des croisades, n'avait point établi l'un

(1) Une foule de monumens historiques constatent que plusieurs de nos rois, tels que Louis-le-Gros, Louis VII, la reine Blanche, saint Louis, etc., ont concédé à diverses abbayes, entre autres à l'abbaye de Saint-Victor de Paris, les revenus de plusieurs moulins royaux d'Étampes. (Voy. la plupart de ces actes au *Trésor des Chartes*, Archives du royaume.)

(2) C'est ainsi qu'on retrouve dans de vieilles chartes, conservées aux Archives du royaume, le nom des moulins *Derneteau*, du *Sablon*, de *Chaufour*, etc. (Voy. Trésor des chartes.)

de ses séjours dans le territoire d'Étampes. Mais les ruines d'une chapelle des *Templiers*, que l'œil découvre encore non loin de la ville sur une colline au-dessus du vallon de Valnay, dispensent, ce nous semble, de citer d'autres preuves, et ne permettent point de douter de l'ancienne présence dans ces lieux de ces célèbres chevaliers. On ignore à quelle époque fût détruite cette antique chapelle; mais on ne doit point faire remonter sa destruction aux temps où fut aboli l'ordre auquel elle appartenait. Un fait, puisé dans l'histoire de nos guerres civiles du dernier siècle, porterait à croire au contraire qu'elle survécut long-temps encore à cet ordre religieux et militaire dont la gloire fut si grande, et la fin si tragique. Il est probable du moins que ces ruines, servant alors de prison, n'étaient pas dans le même état de dégradation où nous les voyons aujourd'hui (1).

Entre les divers actes émanés des rois de France en faveur des Templiers, et où se trouve mêlé le nom d'É-

(1) Les chevaliers de l'ordre du Temple, fondé au douzième siècle et supprimé par décision du concile de Vienne, le 3 avril 1312, possédaient en France un grand nombre de chapelles isolées dont on retrouve souvent les débris sur des collines, ou au milieu des bois. Le fait qui se rapporte à celle des environs d'Etampes, m'a été raconté par des habitans qui en conservent encore le souvenir. Sur la fin du dernier siècle, à l'époque des guerres de la Vendée, une troupe nombreuse de prisonniers vendéens ayant été amenée à Etampes, on choisit pour le lieu de leur prison, les ruines mêmes de la *chapelle des Templiers*. Mais après quelques jours d'une dure captivité dans cette enceinte, ils parvinrent, dit-on, à s'évader, et plusieurs regagnèrent leurs foyers.

tampes, on doit remarquer une charte de Louis-le-Jeune, de l'an 1163. Un seigneur de sa cour, Théodoric Haleran, avait reçu de sa libéralité une rente annuelle de dix muids de froment à prendre sur le moulin royal de *Dabustalle* (*de Dabustallo*) à Étampes. Plus tard, étant devenu chevalier de l'ordre du Temple, il avait transporté cette rente aux Templiers, et le monarque, par cette charte précitée, s'empressa de confirmer ce transport (1).

Dans les donations de nos rois de la troisième race, il est quelquefois fait mention d'une monnaie d'Étampes (*moneta Stampensis*) (2). Ces mots nous font connaître un privilége important dont jouissait cette ville : c'était le droit de *battre monnaie* dans son enceinte. Ce droit a toujours été regardé comme une faveur spéciale, que les monarques étaient loin de prodiguer indifféremment à toutes les cités. Un grand nombre de villes considérables n'en ont jamais joui; aussi devrait-on s'étonner que celle d'Étampes l'eût obtenue de préférence, si l'on ne se rappelait qu'ayant été l'une des résidences habituelles de plusieurs rois de France, elle dut à ce titre d'être honorée des marques particulières de leur affection.

Les rois de la troisième race, comme ceux de la seconde,

(1) Voyez aux manuscrits de la Bibliothèque royale un *vidimus* de cette charte, sur parchemin, de l'an 1173.

(2) Voir entre autres une charte de saint Louis, de l'an 1252, par laquelle ce monarque fait don aux Templiers de trente livres, monnaie d'Etampes (*triginta libras monetæ Stampensis*) à prendre sur le monnoyeur d'Etampes. (Le Blanc, Traité des monnaies, p. 155. — Trésor des chartes, Arch. du royaume.)

avaient autrefois à leur suite des monétaires ou monnoyeurs (*monetarii*) qui fabriquaient des monnaies dans leurs différens séjours. Étampes, à partir du règne de Robert jusqu'au règne de saint Louis, vit ainsi frapper dans ses murs des pièces de divers métaux; mais surtout un grand nombre de deniers d'argent fin. Ils avaient 8 à 9 lignes de diamètre, pesaient de 22 à 24 grains, et leur valeur était d'environ trois sols de notre monnaie actuelle. Ces deniers sont extrêmement rares aujourd'hui; on m'a communiqué l'une de ces pièces, trouvée à Étampes, dans les jardins de l'ancienne maison de Diane de Poitiers. Quelques autres sont conservées soigneusement dans la belle collection des monnaies de France, au cabinet des médailles de la bibliothèque du roi.

Le savant auteur du *Tratié historique des monnaies de France*, n'a point oublié de parler de ces anciens deniers d'argent frappés à Étampes (1). Il en mentionne trois, dont l'un appartient au règne de Philippe Ier, et les deux autres à celui de Louis VI ou de Louis VII. Voici les paroles de cet écrivain : « La sixième de ces monnoies, « dit-il en expliquant tour à tour celles d'une planche, « a été faite à Estampes : *Castellum Stampis*. De l'autre « costé, il y a quelques lettres dans le milieu de la pièce, « dont je ne puis deviner la signification, non plus que « de deux A qui sont dans les angles de la croix. ...Le cin- « quième et le douzième de ces deniers, ajoute-t-il ail- « leurs en parlant des deux autres pièces, ont été frapez

(1) Voir Fr. Le Blanc, Traité historique des monnaies de France, 1 vol. in-4°, Paris, 1690.

« à Estampes..... J'advoue que je ne sçay point ce que « veulent dire les deux S et les deux V qui sont dans les « angles de la croix, non plus que les figures qui sont du « costé de la pile. » (Voir notre planche ci à côté.)

La signification de ces lettres, que n'avait pu découvrir Le Blanc, à la fin du dix-septième siècle, a été expliquée de nos jours par un autre écrivain dont les importans travaux sur la numismatique ont éclairé bien des points obscurs de cette science (1). Nous lui emprunterons quelques passages propres à répandre un peu de lumière sur l'objet qui nous occupe.

« De tout temps, dit-il, la numismatique tortura les « scrutateurs par ces lettres isolées qu'elle présente dans « le champ. Sur les sols des Mérovingiens, elles dési- « gnaient le nom du lieu ou du roi et ses titres..... Les « deniers des premiers Carlovingiens indiquaient de cette « manière le lieu et le titre royal. Puis elles disparurent et « ne reparurent que sur la monnaie des barons..... »

« L'alpha et l'oméga furent bien acceptés par la mon- « naie mérovingienne, mais ils s'y perdirent en s'accro- « chant à la croix, et depuis ils disparurent. La monnaie « carlovingienne les évitait constamment; ce ne fut que « la Capétienne qui les réhabilita dans leurs anciens « droits : ce fut vers le milieu du XIe siècle..... »

« Par toute la France, les monnaies des seigneurs, « tant laïcs qu'ecclésiastiques, présentent les lettres de

(1) Voir Numismatique du moyen âge, considérée sous le rapport du type, par Joachim Lelewel. 2 vol. in-8° avec un atlas, Paris, 1835.

« l'éternité, tantôt cantonnées ou suspendues à la croix,
« tantôt séparément placées et défigurées de différentes manières. Leurs figures disparaissent avec le temps;
« mais il en reste d'autres qui ne sont que le fruit de leur
« défiguration. On les voit différemment exprimées : et
« l'alpha et l'oméga sont, avec le temps, remplacés par
« VE, VV, AA. Souvent on les sépare, et l'alpha seul,
« ou l'oméga seul, prenait la place des deux. C'est aussi
« par suite de la défiguration, que figurent isolément le
« V, l'*I* I ou l'E.

« Toutes ces permutations sont très fréquentes dans
« l'intérieur du rayon, et même on y substitue la fleur de
« lys, la lettre S, comme on peut le voir par les exemples
« sur la monnaie de Reims, d'Orléans, d'Étampes.....

« Un S qui remplace les lettres de l'Éternel près de la
« croix, à Orléans, à Étampes et ailleurs, n'indique que
« le terme de *signum*, qui se rapporte à la croix ou au
« type de la monnaie marquée d'une croix (1). »

La première des trois pièces de monnaie citées par Le Blanc appartient, comme nous l'avons dit plus haut, au règne de Philippe Ier. D'un côté, elle représente une croix dont les bras renferment deux A, opposés par le sommet, autour on lit : *Castellum Stampis ;* de l'autre côté, on aperçoit ces mots : *Philipus rex Dei ;* le champ est occupé par un monogramme dont l'explication a été l'objet d'une dissertation particulière de Lelewel, qui a donné l'empreinte de cette pièce dans le précieux atlas joint à son ouvrage (2). Voici en quels termes il s'exprime à ce

(1) Joachim Lelewel, t. II, p. 136 et suivantes.
(2) Planche VII.

sujet : « Encore un monogramme qui exige une singulière
« attention. Il figure sur une monnaie du roi Philippe
« (1060-1108), frappée à Étampes. Il offre à certains
« égards le supplément de la légende *rex Dei dextrâ ;*
« mais il a les deux OO superflus, et il n'est autre que le
« monogramme du roi Odon, ODO REX..... D'où vient
« le monogramme d'ODO REX sur la monnaie du roi
« Philippe ?

« Étampes et ses dépendances firent partie du domaine
« des rois jusqu'à saint Louis. Mais les prédécesseurs de
« ce prince, au moins depuis Philippe Ier, nommèrent un
« vicomte d'Étampes, pour y percevoir leurs droits et y
« exercer leur juridiction. Deux vicomtes sont connus
« sous le règne de Philippe ; mais il serait déraisonnable
« de chercher leur nom dans le monogramme d'ODO REX.
« Il est plutôt plausible qu'ils étaient chargés ou qu'ils
« obtinrent le droit de fabriquer la monnaie royale, et
« qu'ils employèrent pour son empreinte le monogramme
« du roi Odon, qui avait perdu sa signification et n'indi-
« quait plus que le type de la monnaie locale. Si l'expli-
« cation est juste, il faut convenir que la monnaie n'est
« pas royale, mais locale, ou qu'elle est du vicomte au-
« torisé par le nom royal, ou une pièce semi-royale. »

« ..... L'archevêque de Sens, en 1112, confirma de son
« autorité, les donations du roi Philippe (à l'abbaye de
« Morigny, près d'Étampes). Ce fut un de ses prédéces-
« seurs, l'archevêque Walter, qui, cent vingt-quatre ans au-
« paravant, en 888 au mois de janvier, sacra le roi Eudes.
« Le souvenir de cette cérémonie a eu peut-être quelque
« rapport avec la monnaie et le droit épiscopal d'Étampes. »

MONNAIES FRAPPÉES À ETAMPES

Sous les régnes de Philippe 1er
et Louis VI ou Louis VII.

A la suite de ces paroles, Lelewel propose une nouvelle explication qui peut servir à éclaircir la précédente. Celle-ci est relative à une pièce de monnaie de Louis VI ou Louis VII, frappée à Mantes sur la Seine, *Medante Castellum*. « Le type du revers, dit-il, offre dans le champ deux « croix et deux O croisés. Mantes fut continuellement en « la possession du roi Odon. Par le traité conclu en 896 « avec Charles-le-Simple, la Seine séparait les deux rois, « et Mantes resta au roi Odon jusqu'à sa mort (898). Cette « longue possession fut peut-être cause que le type d'Odon « devint local. Voyons la monnaie d'Odon fabriquée à « Chartres, non loin de Mantes; elle offre dans le champ « un semblable arrangement uniforme des O et des croix. « Dans la monnaie de Mantes, le temps fit disparaître le « D du centre, et conserva le reste du type odonique, « comme il conserva le monogramme odonique à Étampes (1). » (Voir à la planche n° I.)

Il est temps de parler des deux autres pièces de monnaie citées par Le Blanc. Le revers de l'une d'elles présente dans le champ une croix avec deux S, et autour ces mots : *Castellum Stampis* : l'autre côté retrace le monogramme du prince, autour duquel on lit : *Lodovicus rex*. La seconde de ces pièces est l'une de celles qu'on retrouve au cabinet des médailles de la bibliothèque du roi. Sur le revers on voit une croix avec deux V, et autour : *Castellum Stampis*. Le côté opposé offre l'image d'un *Lambel* avec ces mots : *Lodovicus rex*. (Voir à la planche n°s II et III.)

(1) Numismatique du moyen âge, par Joachim Lelewel, t. I, page 164-165.

Il est à remarquer que ces diverses pièces sont toutes sans effigie. Mais l'auteur des *Antiquités d'Étampes* fait mention d'autres monnaies sur lesquelles était le portrait du roi, entouré de ces mots en lettres gothiques : *Lodovicus rex francorum*. Sur le revers, on voyait une montagne avec un château au dessus, et ces mots : *Castello Stampis* (1).

Il nous resterait, en terminant cette matière, à rechercher quel nom particulier pouvaient avoir reçu ces diverses monnaies d'Étampes ; mais on ne trouve aucun document sur ce point. On ne peut douter cependant que l'une d'elles, sans doute de minime valeur, ne portât le nom même dont on se sert de nos jours pour désigner un habitant d'Étampes. C'est ce qui résulte de ces deux vers, tirés de l'ancien roman d'Auberg le Bourguignon.

Cavis son frère moult bien ses droits,
Qu'il n'en perdit vaillant un *Étampois* (2).

(1) Antiquités d'Étampes, p. 102.

(2) Voir Glossaire de Ducange. Article *moneta baronum*.

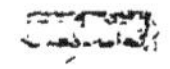

Chapitre dixième.

Règne de Philippe-Auguste. — Juifs chassés d'Étampes. — Église collégiale de Sainte-Croix. — Faits et gestes divers de Philippe-Auguste relatifs à Étampes. — Anecdote historique.

Nous arrivons au règne de Philippe-Auguste. Depuis Charlemagne, aucun prince plus grand ne s'était assis sur le trône de France. Une nouvelle croisade en Palestine, une expédition chevaleresque à Constantinople, où les barons français se couvrirent de gloire; de nombreux combats, de brillantes conquêtes, et par dessus tout l'immortelle victoire de Bouvines; tels sont les principaux événemens qui signalèrent cette époque. Mais détournant la vue de ces nobles faits d'armes étrangers à notre plan, et rentrant dans le cercle étroit que nous nous sommes tracé, empressons-nous de rechercher quelles furent, durant ces temps mémorables, les destinées particulières de la ville d'Étampes.

Dès les premières années de son règne, nous voyons Philippe-Auguste jeter sur elle ses regards, et l'embellir d'un somptueux édifice dont nos yeux regrettent de ne plus retrouver aucune trace aujourd'hui. Mais, peu de temps avant cette construction, un événement important était venu agiter l'enceinte de la ville. Je veux parler de l'expulsion des Juifs, ordonnée par le roi. Depuis Clovis, premier roi chrétien, les monarques français n'avaient souffert qu'avec peine la présence des Juifs dans leur royaume. On avait déjà vu plusieurs d'entre eux, tels que Dagobert et Robert, les bannir du territoire de la France. Sous le règne de Philippe-Auguste, leurs usures intolérables, leur mépris sacrilége pour le christianisme, et leurs cruautés envers les chrétiens, provoquèrent de nouveau contre eux des mesures rigoureuses et violentes. Ce monarque renouvelant donc, en l'an 1182, les édits portés contre les Juifs par les rois ses prédécesseurs, les chassa du royaume; et, afin de leur ôter toute espérance de retour, il voulut que leurs synagogues, changeant de destination, fussent consacrées désormais au culte des chrétiens (1).

Les ordres sévères du monarque furent exécutés. C'est ainsi qu'à Orléans, les habitans érigèrent une église, sous le titre de *Sainte-Croix*, à la place d'une synagogue

(1) Rigord., Hist. Phil.-Aug.

établie en leur ville. Ceux d'Étampes imitèrent cet exemple. Il est à croire que les Juifs se trouvaient en grand nombre dans son enceinte, puisqu'ils possédaient aussi un bel édifice de leur culte, situé au centre d'Étampes le Châtel, dans cette partie de la ville qui porte aujourd'hui encore le nom de rue de la *Juiverie*. Par des lettres patentes de Philippe-Auguste, datées de Fontainebleau, l'an 1182, ce monument fut concédé à des ecclésiastiques (*clericis Stampensibus*) chargés d'y célébrer le service canonial. La nouvelle église prit, comme à Orléans, le nom de *Sainte-Croix;* et le roi y institua un chapitre composé d'un doyen, d'un chantre, de dix-sept chanoines et de dix chapelains (1).

La synagogue des Juifs d'Étampes ne fut point conservée et transformée seulement en église chrétienne, ainsi qu'il arriva sans doute alors en d'autres pays de la France; mais l'on doit croire qu'elle fut détruite, et que ses ruines servirent de fondement à la belle et vaste église de *Sainte-Croix*. C'est du moins ce qui résulte des paroles d'une bulle publiée à ce sujet par le pape Luce III, et datée de Vérone, le 26 juillet 1185. Cette bulle contient une clause remarquable et bien digne des souverains pontifes qui surent, dans plus d'une occasion, maintenir, en faveur des peuples, les libertés chrétiennes dont on avait essayé de les dépouiller. Elle défendait aux clercs de la nouvelle église de s'attribuer sur elle aucun droit, aucune redevance, afin que ce même lieu, *libre auparavant de toute servitude, ne fût pas, sous la sainte liberté du*

(1) V. Rigord., Hist. Philip.-Aug. — Antiq. d'Étampes.

christianisme, de pire condition qu'avait été la synagogue au temps des Juifs, ses premiers possesseurs.

Quelques années à peine s'étaient écoulées depuis la fondation de l'église collégiale de Sainte-Croix, et déjà, loin de vivre en bonne intelligence avec celle de Notre-Dame, sa voisine, elle se trouvait en rivalité avec elle, à l'occasion de leurs droits respectifs. On doit croire que les chanoines de Notre-Dame voulant exercer leur juridiction sur le nouveau chapitre, celui-ci, fier de ses prérogatives, refusa de se soumettre au joug qu'on prétendait lui imposer. L'affaire fut portée devant Philippe-Auguste, qui, pour la terminer, eut recours aux lumières de Maurice, évêque de Paris, et d'autres hommes prudens. Le monarque, d'après leurs conseils, se résolut à donner à l'abbé Odon et aux chanoines de Notre-Dame l'église de Sainte-Croix, avec tous ses revenus, biens et attributions, ainsi que le pouvoir de disposer de ses prébendes.

Cette mesure, loin de terminer les différends, ne servit qu'à les rendre plus vifs et plus animés. Le doyen et le chapitre de Sainte-Croix, menacés dans leur existence, eurent recours à l'autorité royale, la suppliant de révoquer une si funeste décision. Le roi voulut bien condescendre à leurs prières; il révoqua la sentence, et, sur le point de partir pour la Terre-Sainte, il confia à de nouveaux commissaires l'examen de ce procès, enjoignant au bailli et au prévôt d'Étampes de ne rien innover jusqu'au prononcé du futur jugement.

Mais à peine Philippe-Auguste avait-il quitté la France, que le bailli et le prévôt d'Étampes, au lieu d'exécuter ses ordres, rétablirent le chapitre de Sainte-Croix dans tous ses privilèges. Nouvelles plaintes de la part de celui de Notre-Dame. Cependant arriva la sentence des juges. Elle plaçait en quelque sorte l'église de Sainte-Croix sous la dépendance de Notre-Dame, en la laissant jouir pourtant de quelques unes de ses prérogatives. Cette sentence fut ratifiée par le roi, ainsi qu'on le voit par ses lettres patentes datées de Ptolémaïs ou Saint-Jean-d'Acre, l'an 1191. Elle fut confirmée également dans la suite par les souverains pontifes Célestin III et Innocent III (1).

L'ancienne église de Sainte-Croix, entièrement détruite aujourd'hui, laisse à peine apercevoir quelques fragmens de chapiteaux gisans dans la poussière. C'est là tout ce qui reste de son ancienne splendeur; mais, dans ce même quartier, et perpendiculaires l'une à l'autre, on trouve encore les rues de la *Juiverie* et de *Sainte-Croix*. Ces deux noms, rapprochés l'un de l'autre, rappellent ainsi à la fois le souvenir des deux monumens juif et chrétien, construits à différens âges sur un même fondement, et détruits aussi tous deux à diverses périodes, sans laisser aucune trace de leur belle construction.

(1) On trouve dans un vieux cartulaire conservé dans les archives de l'église de Notre-Dame d'Étampes, la plupart des chartes relatives aux différends dont il s'agit ci-dessus. Ce cartulaire contient également une copie des titres des rois de France et des souverains pontifes, concernant les nombreuses concessions faites à ces deux collégiales. C'est à cette source que j'ai puisé de précieux documens pour mon travail; je saisis avec plaisir cette occasion de témoigner ici ma reconnaissance envers M. Baron, respectable curé de Notre-Dame, qui a bien voulu à mon intention exhumer ce curieux manuscrit de la poussière, et le laisser longtemps entre mes mains.

On a déjà vu, dans l'un des chapitres précédens, comment Philippe-Auguste priva les habitans d'Étampes d'un certain droit communal dont la source est demeurée inconnue (1). Ce même prince, comme s'il eût voulu faire oublier cette mesure violente, signala aussi sa bienveillance envers une ville qu'il avait traitée en cette occasion avec sévérité. Considérant que le voisinage de la Beauce, pays favorable à l'entretien des bêtes à laine, donnait aux habitans de la vallée d'Étampes la facilité de faire un grand commerce de draperie, ce monarque, afin de les attacher avec plus d'affection à un genre d'industrie si utile, accorda aux tisserands en drap ou en toile de cette ville quelques priviléges. Il les déchargea de toutes coutumes, tailles et autres levées qu'il pourrait faire sur eux, moyennant une simple redevance de vingt livres par an. Il leur accorda aussi le pouvoir d'élire quatre prud'hommes, choisis parmi eux, pour diriger et surveiller les travaux de tous les membres de leur corporation.

Philippe-Auguste avait déjà, quelques années auparavant, étendu sa sollicitude sur une autre classe nombreuse d'individus, et il avait fait construire un vaste bâtiment à leur usage. C'est ce même prince, en effet, qui fit édifier, dès les premières années de son règne, la grande boucherie d'Étampes. Elle était située vers l'extrémité de la rue Évezard, proche du lieu dit aujourd'hui *place Dauphine*. L'auteur des *Antiquités d'Étampes*, qui en parle comme d'un établissement existant à l'époque où il écrivait, ajoute qu'il s'en trouvait d'autres du même

(1) Voir au chapitre VII, page 86.

genre à Saint-Martin, à Saint-Gilles et à Saint-Pierre (1). On ne découvre plus aujourd'hui aucune trace de ces constructions; et l'on doit regretter vivement la perte de ces anciens édifices, qui, s'ils ne contribuaient pas à l'ornement de la ville, étaient du moins éminemment utiles à sa salubrité.

Si l'étude attentive d'une charte du roi Henri Ier nous a déjà fait découvrir ailleurs de quel genre de possessions se composait le fisc royal à Étampes, sous le règne de ce prince (2), nous pouvons, à l'aide d'un autre document, reconnaître avec plus de précision encore de quelle valeur étaient pour le roi ses domaines en la même contrée, au commencement du treizième siècle. Cette pièce nous apprend en outre comment Philippe-Auguste pourvoyait à l'entretien de divers établissemens qu'Étampes possédait alors, et fournissait les secours nécessaires aux réparations de ses murailles et de ses tours. Il s'agit ici du *Compte général des revenus tant ordinaires qu'extraordinaires du roi Philippe II, pendant l'année* 1202 (3). Étampes figure dans ces comptes avec quelque importance. Hugues de Gravelle était alors

(1) Antiquités d'Etampes, p. 134. On découvre dans un texte rapporté à cette occasion par le même historien, p. 135, le nom de *Vallis odoris*, *Val d'odeur*, qui rappelle l'une des gracieuses promenades de la vallée d'Etampes. C'est ce même lieu, que l'on trouve dans les titres postérieurs français, désigné sous le nom de *Vau douleur*, par corruption du mot *Vau d'odeur*.

(2) Voir chapitre VI, page 73.

(3) Brussel. Usage des fiefs, t. II (notes). Voyez à la note IX à la fin du volume, les fragmens de cette pièce, concernant les revenus de la ville d'Etampes.

ailli de cette ville, et son nom se trouve plus d'une fois mentionné dans ce monument d'une sage économie, qui, tout en réglant les revenus du prince, fait connaître en même temps les dépenses de toute sorte auxquelles ils étaient consacrés. Les maisons de Saint-Lazare, de Saint-Jacques de l'épée, les Templiers, etc., dont nous avons parlé ailleurs, se trouvent ici rappelées. Enfin l'on découvre aussi dans ces comptes une somme de quarante livres parisis, portée en dépense pour le poisson d'Étampes (*pro piscibus Stamparum*). Nul doute que parmi ces poissons, il ne soit question des précieuses écrevisses de la vallée d'Étampes, dont la renommée, dès lors célèbre dans toute la contrée, leur méritait ainsi l'honneur de figurer sur la table du roi.

Mais sans nous en tenir aux indications fournies par ce précieux document, apprenons de la bouche du roi lui-même, quel rang il assignait à sa ville d'Étampes, entre toutes celles du royaume. Une vieille chronique relative aux faits et gestes de Philippe-Auguste, rapporte à ce sujet une curieuse anecdote qui mérite de trouver place dans ces récits.

Durant les troubles qui suivirent la mort d'Henri VI, roi des Romains et empereur d'Occident, Othon, comte de Poitou, duc de Brunswick, disputait le trône vacant à Frédéric II, fils de Henri VI, et à Philippe de Souabe, oncle du jeune prince (1197). Soutenu par les seigneurs du Poitou, il traversait la France avec un sauf-conduit du roi. Passant près du monarque, il vint en grande pompe lui présenter ses félicitations. « — On nous a raconté, lui dit Philippe-Auguste, que vous êtes appelé à « l'empire. — Cette nouvelle est véritable, répartit « Othon : que Dieu me soit seulement en aide durant mon « voyage ! — Gardez-vous bien de croire, poursuivit le « roi de France, que vous puissiez prendre possession « d'une si éminente dignité. Si la Saxe seule reconnaît « votre loi, laissez-moi choisir dans votre escorte le plus « beau de vos coursiers. De mon côté, quand vous monterez sur le trône, je m'oblige à vous livrer les trois « meilleures villes de mon royaume, Paris, Étampes et « Orléans. » Or, le roi Othon emmenait avec lui de riches trésors qu'il avait reçus de son oncle Richard, roi d'Angleterre. Cent cinquante mille marcs étaient portés par cinquante chevaux qui lui servaient d'escorte, et parmi eux se trouvait ce coursier plus beau, sur lequel Philippe avait jeté les yeux. Le prince Othon accepte la gageure, et après avoir fait livrer au roi de France le cheval qu'il avait désigné, il poursuit son voyage le cœur plein d'espérance (1).

La prédiction du roi Philippe ne s'accomplit point : Othon IV fut couronné empereur à Rome par Innocent III, l'an 1209. On pense bien que Philippe n'eut garde de remplir une promesse qu'il n'avait point faite sans doute sérieusement. Cependant quatre années après, on vit ce même prince Othon se liguer avec Richard, roi d'Angle-

(1) *Ex Arnaldi Lubecensis Chronico Slavorum, apud Godef. Guillelm. Leibnitium*, t. II. Script. Brunswicensium. — Voyez aussi le *Voyageur françois*, par l'abbé de la Porte, t. 23.

terre et le comte de Flandre, contre le roi de France. C'est contre ces princes confédérés que ce vaillant monarque gagna la célèbre bataille de Bouvines ; et peut-être son refus d'exécuter les conditions de cette singulière gageure, n'avait-il point été entièrement étranger aux motifs qui firent armer contre lui la ligue redoutable dont il sut avec tant de gloire déjouer les audacieux projets.

Durant le règne belliqueux de Philippe-Auguste, le château d'Étampes, comme la plupart des châteaux à cette époque, était devenu une prison ; et les paisibles habitans de cette contrée, bien qu'éloignés du théâtre de la guerre, voyaient parfois amener captif dans ce sombre séjour, quelqu'un de ces fiers guerriers, trahi par le sort des armes et vaincu par celles du roi. C'est ainsi que vers l'an 1194, lors des démêlés de ce monarque avec Richard, roi d'Angleterre, Robert, comte de Leicester, fait prisonnier à l'attaque du fort de Léon en Normandie, vint subir une dure captivité sous les épaisses voûtes de ce castel (1). Plus tard, sous le règne de saint Louis, ce sera Jean Britaut, chevalier, qui accusé d'avoir fait assassiner le fils de Pierre Dubois, chambellan et secrétaire du roi, viendra à son tour expier dans cette même demeure l'odieux soupçon qui pesait sur lui.

Mais parmi tous les illustres personnages qui virent s'écouler de tristes jours dans les sombres murs du château d'Étampes, aucun n'est plus célèbre que la reine Ingelburge, épouse infortunée de Philippe-Auguste. L'his-

(1) Selecta ex variis chronicis, etc. — Rec. des hist. de Fr., t. XIX.

toire de cette princesse se rattache donc à celle de cette ville par l'un de ces faits que l'on voudrait pouvoir supprimer des annales de nos rois, mais que la postérité juste et sévère n'a pas craint de recueillir, comme une tache honteuse imprimée sur la couronne d'un de nos plus brillans monarques. On sait que la malheureuse Ingelburge repoussée loin du trône, expia par une longue et dure captivité le tort de n'avoir pas su gagner le cœur de son royal époux. Or, tous les historiens s'accordent à dire que le château d'Étampes fut l'un de ces sombres asiles d'où l'illustre prisonnière, comme elle nous l'apprend elle-même, *ne voyait pas même les cieux, auxquels elle éleverait ses mains suppliantes, et où elle plaignait le roi, en mangeant, sans l'accuser, le pain de sa douleur* (1). L'histoire des malheurs de cette princesse doit donc trouver une place dans les annales de la ville d'Étampes. On me permettra de les décrire ici avec quelque détail, et de leur consacrer un chapitre entier en présentant, sous forme d'épisode, cet événement important de l'histoire générale de la France.

(1) Baluz. Miscellan., t. I, p. 422.

Chapitre onzième.

HISTOIRE DE LA REINE INGELBURGE.

Son mariage avec Philippe-Auguste. — Elle est repoussée du trône. — Douleurs de son exil. — Sa captivité au château d'Étampes. — Lettres de cette reine infortunée.

Après la mort d'Isabelle de Hainaut, première femme du roi Philippe-Auguste, ce monarque, afin d'assurer des héritiers à la couronne, avait demandé en mariage Ingelburge, fille de Waldemar, roi de Danemarck, et de la reine Sophie. Étienne, évêque de Noyon, et les comtes de Nevers et de Montmorency, chargés de solliciter sa main, venaient de réussir dans leur message; et bon nombre d'otages ayant été fournis de part et d'autre, le roi Canut avait permis aux envoyés de France d'emmener sa sœur, confiée à la garde de prudens chevaliers danois.

Cette jeune princesse était douée d'une beauté merveilleuse. On rapporte qu'elle avait les plus beaux cheveux blonds du monde, et les mains d'une éclatante blancheur. Le roi Philippe, dès qu'il apprit son arrivée sur le territoire du royaume, vint à sa rencontre, et se rendit à Amiens. Monté sur son grand cheval de bataille, le casque en tête, et revêtu de son haubert à mailles d'argent, il reçut, à peu de distance de la ville, la nouvelle reine, qui s'avançait vers lui, assise sur une blanche haquenée, et suivie de ses damoiselles et du vénérable évêque de Noyon. Le monarque lui fit joyeux accueil; il voulut qu'on procédât ce jour-là même à la célébration du mariage; et le lendemain de cette première entrevue, la jeune Ingelburge fut couronnée reine de France (1).

Qui aurait cru alors, en voyant cette union s'accomplir sous de si heureux auspices, qu'aux joies pompeuses de l'hymen succéderaient bientôt les larmes amères de la douleur? Par un bizarre et funeste caprice, le roi conçut soudain pour sa nouvelle épouse une extrême répugnance; et son aversion prenant chaque jour un nouveau degré de force, il avisa aux moyens de faire dissoudre le mariage qu'il avait contracté. Une affinité prétendue avec cette princesse fut le prétexte dont il se servit pour arriver à ses fins. Il résulta d'un faux acte de généalogie, dressé à cette occasion, qu'Anne de Russie, femme de Henri Ier, roi de France, trisaïeul du roi, était grand'tante d'Isem-

(1) Marlot, Hist. métrop. Remens., t. II, p. 444.

burge de Russie, épouse de Canut IV, bisaïeul de la jeune reine (1). Un parlement de grands et d'évêques fut donc convoqué par le cardinal de Champagne pour prononcer sur la question du divorce. La reine y comparut elle-même; mais privée de l'appui de ses fidèles serviteurs, elle ne put se défendre; et l'infortunée, victime de l'erreur ou de la mauvaise foi des membres de l'assemblée, vit dissoudre aussitôt les liens qui venaient de l'unir à un puissant monarque. Lorsqu'elle entendit prononcer cette inique sentence, on rapporte qu'elle s'écria fondant en larmes : *Mauvaise France! France!* puis elle ajouta avec force : *Rome! Rome!* et ne put faire entendre d'autres paroles (2).

On vit alors commencer un spectacle digne d'une éternelle pitié. La noble fille de Waldemar, la sœur de Canut, l'épouse d'un grand roi, repoussée du trône, ne voulut point quitter la terre hospitalière où son âme neuve et candide avait cru rencontrer le bonheur (3). Cette résistance lui devint fatale. Ce fut alors, dit-on, que l'on vit cette malheureuse princesse traînée de tourelle en tourelle, de monastère en monastère, et traitée partout avec une indigne rigueur. Une sombre tour de l'ancien château d'Étampes devint aussi la demeure de l'illustre captive; et, s'il faut en croire nos vieux historiens, ce fut sous ses épaisses voûtes que s'écoulèrent pour cette

(1) On peut voir, pour tous les détails relatifs à cette alliance, l'*Histoire des antiquités de Corbeil*, par Jean de la Barre.

(2) De legato misso in Franc. super trib. articul. Duchesne, t. v.

(3) Labbe, Mélanges curieux, t. II, p. 631. — Epistol. Innocent. III.

infortunée les plus dures années de sa triste prison.

Cependant, lorsque tout semblait abandonner la jeune princesse danoise, un vénérable prélat avait pris hautement sa défense : c'était Étienne, évêque de Tournay, qui ne cessa de parler généreusement en sa faveur, et de réclamer pour elle les droits de la justice et de l'humanité. L'histoire nous a conservé une lettre de ce digne pasteur au cardinal de Champagne, archevêque de Reims, et l'un des principaux fauteurs du divorce. Cette lettre, pleine de noblesse, de simplicité, et d'une sensibilité exquise, se rattache trop naturellement à notre sujet pour que nous résistions au plaisir d'en traduire ici quelques fragmens :

« .... Il est dans notre pays une perle précieuse que « les hommes foulent aux pieds, mais que les anges ho- « norent ; et qui est digne du trésor royal, digne d'un pa- « lais, digne du ciel. Je parle de la reine, renfermée à « Cisoin comme dans une prison, accablée de misère, et « reléguée en exil. Nous pleurons sur sa destinée, aban- « donnant à Dieu la cause de son sort et la fin de ses mal- « heurs. Qui aurait pourtant le cœur assez de fer, la poi- « trine assez de pierre, et les entrailles assez de diamant, « pour n'être pas touché de voir dans une telle adversité « une jeune et illustre princesse, issue de tant de rois, « vénérable dans ses mœurs, modeste dans ses paroles, « et pure dans ses actions ? Belle comme la vierge Ambroi- « sienne, elle est plus belle encore par sa foi ; jeune d'an- « nées, elle est vieille par sa prudence : je dirai presque « qu'elle est plus mûre que Sara, plus sage que Rebecca, « plus gracieuse que Rachel, plus dévote qu'Anne, plus

« chaste que Suzanne. Ceux qui disputent de la beauté « des femmes disent qu'elle n'est pas moins belle qu'Hé« lène ni moins noble que Polixène. Son occupation jour« nalière est de lire, de prier ou de se livrer à un travail « des mains...... Elle prie Dieu, depuis le matin jusqu'à « Sexte, avec des larmes et des soupirs, moins encore « pour elle que pour le roi son souverain. Elle ne s'assied « jamais dans son oratoire; elle y est toujours debout, « ou à genoux, ou prosternée sur la terre. Ah! sans « doute, si notre Assuérus connaissait notre reine telle « qu'elle est, il la trouverait agréable comme Esther, et « étendant vers elle le sceptre de sa bienveillance, le « sceptre de sa dilection, le sceptre de son empire, il la « rappellerait dans ses bras.... Oui, sans doute, il lui di« rait : *Avancez-vous, et régnez par votre bonne « mine et par votre bonté* (1)! ou ces paroles pleines « d'amour de Salomon : *Revenez, revenez, afin que « nous ayons le bonheur de vous revoir* (2). Revenez « à cause de votre noblesse, revenez à cause de votre « beauté, revenez à cause de votre vertu; revenez, afin « que nous puissions vous revoir, ô vous dont l'élégance « et la pureté de mœurs ont touché notre âme! — Hélas! « cette princesse, illustre rejeton de rois et de martyrs, « cette princesse si noble, si sainte, est contrainte, pour « exister, de vendre ou d'engager le peu qui lui reste de « meubles et de vêtemens! Elle demande sa nourriture; « elle sollicite l'aumône; elle tend la main afin de rece-

(1) Psalm. 44.
(2). Cant. 6.

« voir, et supplie pour qu'on lui donne des secours. Je « l'ai vue souvent en pleurs, et j'ai pleuré avec elle, et « mon cœur s'est attendri et s'est pâmé en la voyant. Je « l'ai exhortée de tout mon pouvoir à mettre son espé- « rance en Dieu. C'est aussi là ce qu'elle ne cesse de faire. « Mais elle me répondait alors : « *Mes amis et mes* « *proches se sont éloignés de moi comme des étran-* « *gers* (1) ; mon unique refuge est monseigneur l'arche- « vêque de Reims, qui m'a libéralement secourue et « nourrie depuis le commencement de mes douleurs. » Oh ! « laissez-vous toucher, mon père, par les soupirs, les gé- « missemens et les larmes d'une jeune princesse qui a pour « aïeuls et pour bisaïeuls un si grand nombre de rois. Vous « qui faites de si grandes aumônes à tant de pauvres, fer- « merez-vous donc les entrailles de votre miséricorde à « une reine qui, après une si grande gloire, est réduite à « mendier !... » (*Baluze, Miscellanea*, t. I, p. 420.)

Cependant Canut, roi de Danemarck, avait appris le cruel traitement qu'on faisait endurer à la princesse sa sœur. Ému de pitié et d'indignation, il fait aussitôt reléguer dans une étroite prison les otages qu'il avait entre les mains; ensuite deux évêques se rendent par ses ordres auprès du souverain pontife, pour y porter appel de la sentence rendue contre le mariage du roi de France. Déjà Ingelburge avait elle-même fait au souverain pontife le récit de ses malheurs; et le généreux Étienne de Tournay, son fidèle appui, s'était chargé de défendre à Rome ses droits outragés.

(1) Psalm. 37 et 107.

Célestin III occupait alors le trône pontifical. Vivement blessé de la prompte décision rendue par l'assemblée des prélats, il confia l'examen de cette affaire au cardinal Melior, son légat en France, et à Censius, diacre et notaire du Saint-Siége. Leur première démarche fut de déclarer au roi que, jusqu'à la future décision de la cour de Rome, il devait regarder comme nulle la sentence du divorce, et suspendre tous les effets qui pouvaient en résulter.

Philippe-Auguste accueillit fort mal les paroles des délégués du pape. Le cardinal Melior essaya alors de rassembler un concile à Paris. Des difficultés s'y opposèrent, et il fut contraint de retourner à Rome sans avoir accompli sa mission. En même temps, on voyait arriver à la cour pontificale les évêques de Noyon et de Soissons, envoyés par le roi pour y faire confirmer la sentence du divorce. Le pape Célestin n'eut garde de condescendre à leurs sollicitations; mais, touché du sort d'une reine si malheureuse, et vivement affligé de la conduite qu'avaient tenue dans cette affaire le cardinal de Champagne et les prélats français, il cassa leur inique décision. Dans une lettre adressée à l'archevêque de Sens, il se plaignit amèrement d'une mesure qui portait atteinte en même temps à la foi jurée, à la dignité du mariage, et aux droits imprescriptibles dont le vicaire du Christ était seul dépositaire. Il conjurait ensuite le prélat de donner tous ses soins à ce que Philippe ne brisât point, par un second mariage, le lien qui l'unissait encore à l'Église (1).

(1) Epistol. Cælest. du 13 mars (avant Pâques 1197).—Bulœus, Hist. univers., t. II, p. 502.

Jusqu'alors en effet, le monarque n'avait pas contracté de nouvelle union. Ses mauvais traitemens envers la reine Ingelburge, ses menaces contre les légats, bien que répréhensibles aux yeux du souverain pontife, n'avaient pu toutefois attirer sur sa tête l'excommunication et faire planer l'interdit sur le royaume. Pour en venir à ces extrémités, il fallait que le choix d'une autre épouse eût dissous violemment le mariage du roi avec la princesse danoise. Or, cette nouvelle alliance que chacun redoutait, ne tarda point à se former. Agnès de Méranie, sœur d'Othon, duc de Moravie et marquis d'Istrie, vint s'asseoir à la place de la fille de Waldemar, sur le trône de France (1196) (1). Cette princesse était aussi d'une beauté ravissante; le roi, passionné pour elle, ne la quittait plus un seul instant. Les jeunes chevaliers, reconnaissant la belle Agnès pour leur souveraine, se disputaient ses couleurs aux tournois et aux passe-d'armes; et vainqueurs dans la joûte, ils baisaient en rougissant cette main royale qui, leur distribuant des écharpes et de riches épées, couronnait noblement leurs intrépides efforts.

Oh! qui redira les larmes et la douleur de la pauvre Ingelburge, quand du fond de la tour du château d'Étampes, où captive elle gémissait alors, elle apprit les succès de sa trop brillante rivale? Que faire dans sa détresse? à qui recourir dans son exil? L'infortunée, privée de tout appui, tourna des regards éplorés vers une autorité suprême, devenue sa seule espérance dans ses malheurs. Elle écrivit au pape deux lettres successives, que

(1) Voy. Rigord. — Guill. le Breton. — Alberic Triafont, Chron.

l'histoire a recueillies, comme deux fidèles échos de ses plaintes et de ses gémissemens. Je me plais à traduire ici ces documens précieux, témoignage touchant des sentimens élevés de l'illustre prisonnière.

I. (1198).

« Les anxiétés de ma cruelle douleur me pressent de « m'adresser à vous, et de déposer les yeux en pleurs, dans « votre sein apostolique, les tristes secrets de mon âme. « Voilà déjà trois ans écoulés, depuis que le roi de France « m'a épousée dans un âge nubile, et m'a rendu, selon « l'ordre naturel, le devoir conjugal. Et voilà qu'un peu « après, séduit par les conseils diaboliques de quelques « seigneurs pleins de malice, il vient d'épouser Agnès, « fille du duc de Moravie. Pour moi, il me tient renfer- « mée dans le fond d'un château, où, ainsi exilée, je gémis « de ne pouvoir élever vers le ciel des yeux supplians. Il « n'allègue d'autre motif pour ces mauvais traitemens et « cette séparation, qu'une petite parenté; mais il a fait « de sa volonté un ordre, de son obstination une loi, et « de sa passion une fureur. Je pleure donc, et je mange « tristement le pain de ma douleur, et je mêle mon breu- « vage de mes larmes. Ce n'est pas seulement sur moi que « je pleure; c'est encore sur le roi mon époux, qui, par son « mépris pour une foi sainte, donne aux peuples chrétiens « et à tous ses sujets un si funeste exemple. O douleur! « il ne craint pas de mépriser les lettres de votre sainteté; « il refuse d'écouter les ordres des cardinaux; il dédaigne « les paroles des prélats; et repousse loin de lui les avis de

« tous les gens de bien. Pour moi, que dois-je dire ? que « dois-je faire ? je l'ignore entièrement : de toutes parts « d'innombrables piéges m'environnent. Ah ! si votre « miséricorde ne daigne me secourir, dans peu de temps, « oui, je le sens, je succomberai à ma douleur (1). »

II.

Au pape Célestin, la reine de France.

« C'est vers le trône des miséricordes que nous devons « recourir dans nos malheurs, afin que la bonté divine « nous regarde du haut du ciel, et exauce les vœux de « ceux qui mettent en elle leur espoir. Ainsi, ô mon très « cher père, lorsque nuit et jour mon cœur est percé par « l'aiguillon de la douleur, vers Dieu d'abord, ensuite « vers votre siége apostolique, je ne cesse d'élever ma « voix. Un jour peut-être enfin, le Seigneur entendra-t- « il la prière de son humble servante, et éloignera-t-il de « moi ces flèches ennemies dont les coups meurtriers ont « épuisé mon âme. Peut-être aussi qu'un jour le succes- « seur de Pierre, jetant sur moi un œil compatissant, « versera la rosée de sa bénédiction sur mon cœur dessé- « ché, et apportera un remède consolateur à celle qui « gémit au sein de l'infortune. Quel est en effet, ô mon « père, celui qui ne compâtit point aux plaintes de sa « fille ? Quel est celui qui n'est point affligé de ses dou-

(1) Miscellanearum Baluzii, lib. I, t. I, p. 422 (1196). — Rigord. ad ann. 1193 et 1196. — Rec. des hist. de Fr., t. XIX, p. 320.

« leurs ? Non certes ce ne sera point vous ! Tombée du « faîte de la gloire, abattue et humiliée, je cherche un « consolateur, et je n'en trouve point : je déplore la ruine « de ma grandeur passée ; et il n'est personne qui veuille « me la rendre, personne qui veuille me sauver. J'ai honte « de ma misère : mon esprit se tourmente, et mon cœur « est dans le trouble. Une seule chose, ô mon père, me « ranime et adoucit les angoisses de mes douleurs : c'est « l'espoir d'un consolateur ; et ce consolateur ne peut être « que vous. Quelles que soient mes demandes et mes « plaintes, je ne reçois aucune réponse. Je mets donc tout « mon appui dans votre clémence apostolique ; et je vous « conjure, ô père très compatissant, de replacer votre « fille dans la mesure de sa gloire. Abaissez l'orgueil de « l'auteur de mes maux, afin que je me réconcilie avec « lui ; et cette réconciliation pleine de joie, je répéterai « partout que je la dois à Dieu et à votre paternité : car « dans tout jugement, pour l'honneur de Dieu et le salut « des hommes, la vérité toute entière doit briller au grand « jour (1). »

Il est, pour les cœurs nobles tombés dans le malheur, une source de consolations à laquelle ils ne manquent guère de puiser, lorsque les coups du sort, en s'apesantissant sur eux, leur laissent du moins quelques amis et quelques débris de leur fortune, pour les répandre sur de fidèles serviteurs. Heureuse encore la reine Ingelburge, si,

(1) Epist. S. Guillelmi, Abbat. S. Thomæ de Paracleto. — Rec. des hist. de France, t. XIX.

conservant dans sa captivité quelques restes de ses trésors, elle avait pu les distribuer d'une main libérale à ceux que la vue de ses maux n'avait point séparés de sa cause ! Mais qu'avait-elle à donner dans le triste état où elle était réduite ? Durant son séjour à l'abbaye de Cisoin, la reine de France avait été vue, vendant ses meubles et ses vêtemens pour vivre, et demandant l'aumône. *Elle tendait la main*, dit son généreux défenseur, l'évêque de Tournay (1); et cependant, lorsqu'elle ne possédait rien, l'infortunée trouvait encore le moyen de répandre quelques bienfaits. Elle envoyait aux églises divers ornemens ouvrés sans doute par ses mains. Le chapitre de l'église cathédrale d'Amiens, dans l'enceinte de laquelle cette princesse avait vu pour la première fois sa tête parée d'une couronne, lui fut redevable, dit-on, d'un calice et d'une coupe, seuls débris échappés à la ruine de son ancienne opulence (2). Un personnage dont l'histoire nous a conservé le nom, Philippe Cené, avait rendu quelques services à la noble prisonnière. La princesse reconnaissante, n'ayant point d'argent à lui offrir, lui donna une masse de métal qui se trouvait alors dans le château d'Étampes (3). C'est ainsi qu'Ingelburge cherchait encore,

(1) Anec. des reines et régentes de France, t. II, p. 430.

(2) Antiq. de la ville d'Amiens, t. I, p. 194. — Gall. Christ., 2e édition, t. X, col. 333. — Rec. des hist. de Fr. t. XIX.

(3) Cette masse, qualifiée de *poids de la monnaie d'Orléans*, fut revendiquée plus tard par le fisc, qui la retira des mains des héritiers de Philippe Cené. (Voy. *Registres du parlement* intitulés *Olim*, sous l'année 1260. — Dulaure, Hist. des environs de Paris, t. VII.)

par la bienfaisance, à charmer les ennuis de sa captivité, et répandait quelque baume sur ses cuisantes douleurs.

Cependant un nouveau pontife venait de s'asseoir sur le siége de Rome : c'était Innocent III, souverain ferme, actif et ami de la justice, qui prit ouvertement la défense de la malheureuse reine. Mais sa hauteur et ses menaces n'avaient fait qu'accroître les difficultés, en irritant le caractère altier du roi. Philippe, aveuglé par sa passion, partageait toujours son trône avec Agnès de Méranie. En vain les évêques, se rangeant à l'avis du pape, rappelaient-ils qu'Agnès n'était point l'épouse légitime du monarque ; les barons et les chevaliers ne pouvaient, en la voyant, s'empêcher de la reconnaître pour leur belle suzeraine, et la *fleur des dames*.

Après de nouvelles menaces, demeurées sans effet, Innocent III nomma un légat *à latère*, chargé de l'exécution de ses bulles (1). Pierre de Capoue, cardinal, arrive donc en France, et se présente auprès du roi, qui l'accueille avec respect (1198). Mais lorsqu'il lui parle de se séparer d'Agnès, le monarque, regardant cette séparation comme impossible, rejette toute conférence. Le légat informe aussitôt de son obstination le souverain pontife, et reçoit cette réponse : « Faites réunir les évêques « et les abbés, et que l'interdit soit au plus tôt jeté sur le « royaume. » Le légat, docile à ces ordres, convoqua alors une sorte de concile à Dijon. Les archevêques de Lyon, de Reims, de Besançon, de Vienne, dix-huit évêques, etc.,

(1) Epistol. Innocent., 171, 345, 346, liv. 1er.

s'y trouvèrent rassemblés. Et ce fut là qu'en présence du peuple, réuni dans l'église de Saint-Bénigne, le légat, revêtu d'une étole violette, élevant la voix, annonça à la multitude que tous les domaines du roi de France étaient mis en interdit. De profonds gémissemens se firent soudain entendre, et des larmes coulèrent des yeux de tous les assistans (1).

Alors on vit se renouveler en plusieurs provinces du royaume le spectacle de pitié et de douleur qui déjà, deux siècles auparavant, au temps du roi Robert, avait affligé la France. La ville d'Étampes, comprise dans les domaines du roi, ne dut point échapper elle-même à ces terribles effets de l'interdit.

Pour apprécier dignement la terreur et l'effroi qu'apportaient alors parmi les peuples ces mesures violentes, il faudrait se transporter à ces temps du moyen âge où les pratiques de la foi chrétienne, chères aux multitudes, vivifiaient d'un souffle bienfaisant chacune de leurs actions. Qu'on se représente donc ces peuples, privés des cérémonies religieuses qu'ils entouraient de respect et de

(1) De legato miss. in Franc., t. v, p. 754, Duchesne. — Ce concile de Dijon commença le 6 décembre 1199, et dura sept jours. On doit remarquer toutefois que l'auteur de l'*Art de vérifier les dates*, dans la chronologie des conciles, place cette mise en interdit du royaume au concile de Vienne en Dauphiné, tenu au mois de janvier 1200, et qui ne fut du reste qu'une continuation de celui de Dijon. « Le légat, dit-il, étant sur les terres de l'em-« pire, déploya son autorité contre le roi de France. Alors, en « présence de plusieurs évêques,..... il publia l'interdit sur toutes « les terres de l'obéissance du roi..... »

(Art de vérifier les dates, t. I, p. 217.)

vénération. Dans chacune des contrées sur lesquelles planait l'interdit, toutes les pompes de la religion étaient suspendues. Les images du Seigneur, de la Vierge, des apôtres, mystérieusement voilées d'une bure noire, ne frappaient plus les regards des fidèles, sous le portail ou sur les murs extérieurs des églises gothiques. Les grandes portes du temple étaient fermées ; et la cloche n'annonçait plus le soir la fin des travaux du jour et l'heure de la prière. Elle ne faisait plus entendre aussi la voix de l'agonie autour de la demeure des mourans. Les jeunes amans demandaient en vain la bénédiction nuptiale. Un seul prêtre sans aucune pompe ondoyait l'enfant nouveau né ; et les corps des fidèles gisant sur le sol, ne venaient point reposer dans la terre bénite avec ceux de leurs aïeux. Mais c'était surtout au retour des grands jours de fête, que la privation des cérémonies saintes était plus pénible encore aux peuples des villes et des campagnes. En vain les yeux cherchaient-ils alors, aux jours de Noël, de Pâques ou des Rameaux, la crèche héréditaire, ou les branches d'olivier portées dans les rues, au milieu des chants de l'*hosanna*. Un voile de deuil planait sur l'Église, et dans les cœurs vides d'émotions religieuses, la tristesse et l'effroi avaient établi désormais leur ténébreux empire.

A la nouvelle de l'interdit lancé sur le royaume, le roi entra dans une grande colère. Le clergé de France devint surtout la victime de sa fureur. « *Tant fu li Rois corrociéz* « *de ceste chose,* disent les Chroniques de Saint-Denis, « *que il bouta hors de leur siége toz les prélaz de son* « *roiaume, pour ce que ils s'estoient consenti à l'in-* « *terdit : à leurs chanoines et à leurs clers tollit toz*

« *leurs biens, et commanda que ils fussent tuit chacié*
« *de la terre; et que toutes les rentes et li fié que ils*
« *tenoient de lui fussent sési; les prestres meismes qui*
« *manoient aus paroisses fist il ausi bouter hors, et*
« *les fit despoilier de toz leurs biens; et plus en*
« *comble de tout mal, il enclost au chastel d'Estam-*
« *pes la reine Ingebore s'espouse, sainte dame et*
« *religieuse, et aornée de toutes bones mors* (1). »

Après de vives supplications adressées à la cour de Rome, Philippe voyant toutes ses démarches inutiles, convoqua à Paris un parlement composé des barons et des principaux prélats du royaume. On rapporte que la reine Agnès de Méranie y parut, revêtue d'habits de deuil, et les yeux humides de larmes. « Semblable à la veuve d'Hector, dit « Guillaume le Breton, elle eût attendri tout le camp des

(1) Chroniques de Saint-Denis, Rec. des hist. de Fr., t. XVII, p. 387.

Quelques historiens, comme on le voit ici, semblent ne placer qu'à cette époque seulement le commencement de la captivité d'Ingelburge au château d'Étampes : mais d'autres écrivains lui ayant assigné une époque antérieure, il nous a été permis d'adopter cette dernière opinion. Peut-être serait-il possible de faire concorder en quelque sorte les divergences sur ce point, en disant que le roi, irrité à la vue de l'interdit, et portant les coups de sa vengeance sur la reine elle-même, fit resserrer alors les liens qui la retenaient prisonnière dans le castel d'Etampes. L'histoire des malheurs de cette princesse est du reste, on doit l'avouer, mêlée de beaucoup d'obscurités, relatives surtout aux dates précises, aux divers lieux, et au mode de sa captivité. Si nous n'avons point essayé de les dissiper entièrement, nous nous sommes efforcés du moins de ne commettre aucune erreur essentielle, en ne rapportant que les faits les mieux connus, puisés aux sources les plus pures et les plus originales.

« Grecs. » Mais les membres de l'assemblée, graves et sévères, ne furent point touchés à la vue de ses pleurs : aucun chevalier ne se leva pour elle. L'aspect des funestes effets de l'interdit avait glacé tous les cœurs : les grands de l'état décidèrent donc que Philippe, accomplissant la volonté du souverain pontife, romprait ses liens avec Agnès de Méranie, et ferait asseoir de nouveau Ingelburge sur le trône.

Cependant le cardinal Octavien, légat du saint Siége, arrive en France et convoque de sa propre autorité un concile à Néelle en Vermandois (septembre 1200). L'auguste prisonnière fut tirée alors du château d'Étampes, et mandée devant l'assemblée. Elle fut accueillie honorablement, et prit place à côté du roi. C'est là que le monarque, outré de dépit et dans l'impuissance de résister plus long-temps, promit d'accomplir enfin ce qu'on exigeait de lui. Tout à coup, les cloches se firent entendre, les voiles de deuil qui couvraient les sanctuaires furent enlevés, et aux acclamations de tout le peuple, l'interdit cessa de planer sur la France (1).

On vit peu de temps après la belle Agnès de Méranie préparer à la hâte son départ; elle s'éloigna de la cour et chercha un lieu de refuge pour y cacher ses chagrins et ses pleurs. Mais le souvenir de sa grandeur passée la poursuivait partout; elle ne survécut que deux mois à sa douleur, et mourut au château de Poissy, en mettant au

(1) La levée de cet interdit fut proclamée, suivant tous les anciens auteurs, le 7 septembre 1200, c'est-à-dire après huit mois environ de durée.

monde un fils, vivante image de son père, auquel elle donna le nom de *Tristan,* en mémoire des tristes événemens qui avaient environné sa naissance.

Cependant, lorsque la mort de cette princesse, simplifiant la question du divorce, semblait devoir replacer sans difficulté sur le trône la noble fille de Waldemar, cette reine infortunée n'était point arrivée encore au terme de ses douleurs. Le roi, malgré ses promesses, n'en poursuivait pas moins la dissolution de son mariage avec Ingelburge. Un nouveau concile fut alors convoqué à Soissons (mars, avril 1201). La reine s'y rendit parée de ses plus beaux atours, et choisit pour sa demeure l'abbaye de Notre-Dame de cette ville. Elle y donna l'exemple des plus touchantes vertus, et « les religieux, dit un vieil his- « torien, s'empressèrent de la festoyer, comme cela con- » venoit pour une royne de France (1). »

Au milieu de cette grave assemblée, on voyait parfois régner un morne silence. Tous les membres redoutaient la colère du roi, et personne n'osait prendre ouvertement le parti de la reine : quand soudain, au rapport des chroniques, un jeune et pauvre clerc, ému pour elle de pitié, se lève du sein de la foule, et demande au roi et aux cardinaux la permission de parler pour sa défense. Il plaide alors avec tant de lucidité et de chaleur la cause de son auguste souveraine, que tous les assistans demeurent ravis d'admiration. D'où venait-il, cet inconnu? quel était son nom? on l'ignore, dit-on : personne ne l'avait vu se glisser dans les

(1) D. Germain, Hist. de l'abb. de N.-D. de Soissons.

rangs de l'assemblée; il avait surgi subitement du milieu de la foule. Puis, sa mission étant remplie, il avait disparu aussitôt, sans laisser d'autres traces de son passage dans la cité, que le souvenir de sa noble éloquence et de son dévouement généreux (1).

Mais voilà qu'au milieu des opérations du concile, un bruit étrange venu du dehors circule de toutes parts. On apprend que Philippe vient d'arriver à cheval, qu'il a mis la reine en croupe derrière lui, et a quitté la ville avec elle, en déclarant son dessein de lui rendre sa place sur le trône. Cet événement inattendu fait dissoudre à l'instant même l'assemblée.

Cependant, à peine s'est-elle dispersée, que le roi, ne pouvant de nouveau vaincre ses répugnances pour la reine, l'éloigne encore de sa cour. Alors, il est vrai, modérant les rigueurs de son exil, il pourvut abondamment à tous les frais de son entretien, lui donna quelques officiers pour la servir, et s'efforça de plus d'une manière d'adoucir ses ennuis. Mais que lui importaient les largesses du monarque! Privée de ses droits et d'épouse et de reine, Ingelburge, confinée dans l'enceinte du palais d'Étampes, n'en vit pas moins commencer pour elle une ère nouvelle de captivité. On dit qu'en effet, jusque vers l'an 1213, elle ne cessa de

(1) « ..... Regina verò sola, nullum præter Deum advocatum venit. Cùmque in tantâ multitudine nullus esset qui pro eâ, metu Regis, litigaret, quidam ignotus pauper clericus, surgens è medio, cum licentiâ Regis et cardinalium, causam Reginæ ità literatissimè dilucidavit, ut ipsi Regi et cardinalibus omnibusque episcopis fieret admirationi : qui post nec anteà in eâdem civitate à nullo dictus visus fuisse. »

(Rec. des hist. de Fr., t. XIX, p. 346; t. XVIII, p. 553.)

traîner en ces lieux des jours tristes et languissans, loin du monarque qu'elle avait aimé, et loin d'un trône que sa beauté et ses vertus auraient su embellir du plus brillant éclat (1). Les chroniques rapportent qu'à cette époque seulement, le roi lui rendant tous ses droits si long-temps méconnus, se réunit enfin à elle, pour ne s'en séparer qu'au terme de sa vie. Mais cette justice tardive n'a pu laver entièrement Philippe-Auguste de la tache que ce divorce a imprimée à sa mémoire. La postérité l'aperçoit empreinte sur son front : et les souffrances et les malheurs d'Ingelburge, jetant comme un voile de deuil sur la tête de ce grand monarque, feront toujours quelque peu pâlir l'auréole de gloire dont sa patrie l'a justement couronné pour prix de ses vaillans exploits (2).

A quelques lieues de Paris, dans une île enchantée, formée par les deux bras de la rivière d'Essonne, qui se sépare ainsi avant de se perdre dans la Seine, à Corbeil, l'œil du voyageur découvre quelques débris d'un petit château et une charmante petite église gothique qui faisaient jadis l'ornement de ces bords. C'est là, dit l'histoire, que la reine Ingelburge, après la mort de son époux, vint couler paisiblement les dernières années d'une vie troublée par tant d'orages (1222). Elle s'était créé elle-même cette douce retraite, et à sa mort, ces lieux qu'elle avait aimés, reçurent son tombeau.

(1) Alberic, Chronic. Turonens. — Ex Chronologiâ Roberti Autissiod. — Rec. des hist. de Fr.

(2) Voir la note X à la fin du volume.

Le palais et l'église d'Ingelburge devinrent plus tard la propriété des chevaliers de Malte, qui en firent le siége de leur grande commanderie. Durant plusieurs siècles ils déposèrent les restes des grands maîtres de leur ordre dans l'enceinte de ce temple aujourd'hui désert, et où seulement quelques pierres tumulaires chargées d'inscriptions se laissent encore apercevoir.

Ce pieux et élégant édifice a été restauré de nos jours ; et toutes les craintes qu'on avait pu concevoir sur sa prochaine destruction ont heureusement disparu. Ainsi du moins, sur le sol de notre France, sont restés debout quelques souvenirs d'une illustre reine, célèbre par sa beauté, ses vertus et surtout par ses longs malheurs. Deux monumens antiques rappellent donc encore sa mémoire. L'un, sur les rives de l'Essonne, est la jolie église de *Saint-Jean en l'Isle* qui hérita de son tombeau ; l'autre, dominant la vallée où serpente la Juine, est cette vieille tour du château d'Étampes qui fut jadis comme une autre tombe où demeura long-temps ensevelie dans l'ombre et la douleur une auguste princesse, fille, sœur et épouse de roi (1).

(1) Voir la note X à la fin du volume.

Chapitre douzième.

Etampes sous le règne de saint Louis. — Blanche de Castille. — Marguerite de Provence. — Maison des pères Cordeliers. — Chien pêcheur. — Premiers comtes apanagistes d'Etampes.

Le territoire d'Étampes n'avait cessé jusqu'au treizième siècle de faire partie du domaine de la couronne. Englobé d'abord dans le royaume de Bourgogne, au temps du roi Gontran, nous l'avons vu ensuite passer entre les mains de Clotaire II, quand ce dernier prince devint seul maître de toute la monarchie. Depuis cette époque jusqu'au règne de saint Louis, il n'avait jamais été détaché de l'héritage de nos rois. Mais depuis Philippe Ier, les souverains y nommaient un vicomte pour y percevoir leurs droits et exercer leur juridiction. Parmi eux l'histoire a conservé le nom de Gui, fils de Hugues du Puiset. Ce seigneur acquit ce titre par son mariage avec la fille de Marchis qui possédait déjà cette dignité. On voit par là que cette charge, du moins à cette époque, était héréditaire et non une simple commission. Le vicomte Gui n'imita pas l'exemple de la plupart des seigneurs, qui se révoltèrent contre Louis-le-Gros. Il lui demeura au contraire constamment fidèle; et plus d'une fois on le vit combattre vaillamment à côté de son prince, partageant avec lui tous ses dangers (1).

La période où nous entrons nous montre la ville d'Étampes sortant de la dépendance directe de la couronne, pour devenir durant quelques années le brillant apanage d'illustres souveraines. La première qui se présente est Blanche de Castille, femme du roi Louis VIII, et princesse aussi distinguée par ses vertus que par son habileté et son courage. Son époux l'avait déclarée en mourant régente du royaume, durant la minorité du roi son fils. Mais de puissans seigneurs, tels que Philippe, comte de Clermont, Thibaut, comte de Champagne, Pierre, duc de Bretagne, Robert, comte de Dreux, et plusieurs autres, sous prétexte qu'il était honteux pour la France d'être gouvernée par une femme étrangère, s'étaient ligués contre elle. La régente, à cette nouvelle, avait équipé une armée, et s'était mise en campagne contre ses ennemis. Déjà la plupart d'entre eux, soumis avant de combattre, s'étaient réconciliés avec leur souveraine; mais le duc de Bretagne et le comte de la Marche persistaient dans leur rébellion. Sommés de

(1) Voy. l'*Art de vérifier les dates*, t. II. — Chron. de Morigny.

comparaître devant le parlement du roi, à Chinon, ils avaient refusé de s'y rendre. Feignant plus tard un vif désir de rentrer dans les bonnes grâces de leur jeune monarque, ils vinrent à Vendôme, accompagnés seulement des gens de leur maison. Le roi, d'après l'avis de la régente, s'achemina vers eux avec peu de forces. Mais à mesure que le prince approchait, les rebelles faisaient secrètement avancer des troupes de leur parti aux environs d'Étampes et de Corbeil. Le jeune Louis, ne se doutant nullement du piége qu'on lui tendait, poursuivait sa marche en assurance, quand tout à coup, arrivé à Châtre (1) sous Montlhéry, il fut averti par le comte de Champagne, ou, suivant une tradition, par quelques gentilhommes du pays d'Étampes, du danger qui le menaçait (2). Le roi se retira aussitôt dans le château de Montlhéry, d'où il fit connaître incontinent à sa mère le péril dans lequel il se trouvait. La reine Blanche instruisit sur le champ les Parisiens de la trahison des perfides, et de la position critique de leur souverain. Le peuple de la capitale, ému par les prières de cette mère affligée, prend soudain les armes, accourt délivrer son roi, et le ramène triomphant à Paris.

Ce fut peu de temps après cet événement, que la reine Blanche reçut des mains de son fils la terre et seigneurie d'Étampes, avec celles de Pontoise, de Dourdan, de Corbeil et de Melun. Ces divers domaines lui furent concédés en dédommagement de son douaire, dont elle s'était dé-

(1) Aujourd'hui Arpajon.
(2) Chron. du sire de Joinville.

sistée en faveur de son fils Robert, lors du mariage de ce prince (1237) avec Mathilde, fille aînée de Henri Ier, duc de Brabant. Ainsi la ville d'Étampes et son territoire devinrent dès lors la propriété de la reine Blanche de Castille, à la charge toutefois de leur retour après sa mort à la couronne de France.

Le règne de la mère de saint Louis dans ces contrées, n'est guère connu que par ses bienfaits, ou par ceux qu'elle répandit ailleurs, à l'aide des revenus de ses nouveaux domaines. Elle les fit servir en effet à ces pieuses largesses dont l'histoire de sa vie nous offre tant d'exemples; et le nom d'Étampes se retrouve ainsi dans les nombreuses donations dont elle enrichit mainte église et plusieurs monastères. Dans l'abbaye de Notre-Dame la royale du lys, qu'elle avait fondée près de Melun, et dotée de pareilles aumônes, la reine Blanche avait rassemblé de jeunes orphelines de bonne maison, « *qui ne trouvaient pas* « *à se marier,* dit un vieil historien, *parce que la plus* « *grande partie de la noblesse française allait, par* « *dévotion, à la guerre en la Terre-Sainte, d'où peu* « *retournaient.* » La vallée d'Étampes, où brillent tant d'autres beaux souvenirs de gloire ou de fidélité, ne doit point répudier celui d'avoir vu jadis les produits de son sol consacrés ainsi à l'entretien de ces nobles filles, dont les pères, morts pour la France au champ d'honneur, n'avaient laissé à leurs enfans en héritage que la renommée de leurs exploits.

Il me reste à parler d'une autre abbaye construite vers cette époque dans l'enceinte même d'Étampes, et dont quelques uns attribuent aussi la fondation à la reine Blanche de Castille.

C'est le couvent des pères Cordeliers, situé dans la paroisse de Saint-Gilles, et dont la mémoire se conserve encore dans le quartier de la ville désigné aujourd'hui par ce même nom. A cette période du treizième siècle, Étampes possédait déjà plusieurs asiles ouverts à la souffrance, ou consacrés à la prière et aux austères labeurs. La reine Blanche ne devait point régner sur ces mêmes lieux sans y laisser quelque monument de son passage et de sa pieuse munificence. Si l'on en croit donc un vieil historien, ce fut par ses soins qu'on vit s'élever ce vaste monastère des Cordeliers, dont il ne reste aujourd'hui que quelques parties (1). La tradition du pays, en rapportant que cette abbaye était l'une des plus anciennes de l'ordre Séraphique établies en France, et qu'elle fut fondée du vivant même de saint François d'Assise, s'accorde parfaitement avec le témoignage de l'écrivain. Le seul aspect de cet antique bâtiment ne permettait guère d'ailleurs de douter qu'il n'eût été l'ouvrage de quelque personnage puissant. On chercherait du reste vainement des documens plus précis et plus exacts sur son origine et sa fondation. Les registres et les titres des pères Cordeliers d'Étampes devinrent tous la proie des flammes, lorsqu'en 1567 les calvinistes, s'étant emparés de la ville, incendièrent leur maison et leur belle église, dédiée sous l'invo-

(1) Voy. le *Livre de la naissance et du progrès de l'ordre de Saint-François*, par le P. F. de Gonzague, écrit en latin et imprimé à Rome l'an 1587.

cation de saint Jean-Baptiste. Mais quelques années après, grâces aux secours de Henri III et de plusieurs seigneurs, l'église et le couvent furent rebâtis. Les habitans d'Étampes concoururent aussi par leurs aumônes à cette réédification, et obtinrent du roi la permission de prendre le bois nécessaire dans la forêt de Dourdan (1). La nouvelle église des Cordeliers fut décorée avec magnificence. Les principaux mystères de la Passion étaient, dit-on, représentés en bas relief sur le retable du grand autel avec une délicatesse merveilleuse ; et d'admirables vitraux peints ornant les croisées, laissaient pénétrer dans le temple un jour mystérieux.

Le même écrivain qui attribue à la reine Blanche la fondation du couvent des Cordeliers d'Étampes, remarque qu'il fut en divers temps le séjour de plusieurs hommes insignes par leur science et leur piété (2). Il cite entre autres un nommé Louis de la Plaine qui devint la victime de la fureur des calvinistes, lorsque dans le seizième siècle, ils s'emparèrent de la ville.

Ce monastère ainsi relevé de ses ruines par les soins de Henri III et les aumônes des habitans d'Étampes, subsistait encore en l'année 1789. Vers cette époque l'église fut détruite, et les religieux dispersés. Mais sur les débris de leur maison, on a vu dans ces derniers temps se former un autre asile. Les dames religieuses de la *Congrégation*, appartenant à l'ordre fondé au dix-septième siècle par le B. Fourier, curé de Mattaincourt, ont acheté ces murs

(1) Voy. Archives de l'Hôtel-de-Ville.

(2) Fr. de Gonzague. — Voir l'ouvrage cité plus haut.

sis non loin d'un terrain qui fut jadis leur héritage; et c'est là que de vénérables *sœurs*, dévouant leurs soins à l'instruction des jeunes filles pauvres, poursuivent en paix de nos jours le cours interrompu de leurs premiers bienfaits (1).

S'il m'était permis de mêler quelques souvenirs moins graves à l'austère sujet qui nous occupe, je pourrais peut-être égayer ici le lecteur, en rappelant l'histoire non d'un *chien savant*, tel que les *Munito* de nos jours, dont on applaudit les talens stériles, mais d'un barbet vraiment utile autant qu'ingénieux, et qu'une tradition badine prétend avoir été pendant plusieurs années le pourvoyeur adroit du réfectoire des pères Cordeliers. Sa pêche aux écrevisses était une invention aussi singulière que nouvelle; et elle doit être rangée parmi les notions dont on pourrait conclure que l'instinct chez certains animaux approche quelquefois tellement de la raison qu'il semble se confondre avec elle. Il paraît du reste que l'adresse de ce barbet, et l'utilité que les Cordeliers en retiraient, l'avaient rendu célèbre, puisqu'un des habitans d'Étampes ne dédaigna pas de lui consacrer un poëme entier. Nous en rapportons les principaux fragmens à la fin du volume, et nous y renvoyons le lecteur pour qu'il puisse juger à la

(1) Sur l'ancien terrain qu'occupaient autrefois les religieuses de la Congrégation, on a construit, il y a dix ans environ, un grand et beau bâtiment dit aujourd'hui le *grenier d'abondance*. Il est situé au milieu de vastes jardins, et il fut ainsi établi par les soins de MM. d'Arblay pour servir de magasin de subsistances. Il a pris depuis peu une autre destination.

fois du mérite de l'ouvrage et de l'adresse du héros (1).

A la mort de Blanche de Castille (1er décembre 1252) la seigneurie d'Étampes rentra dans le domaine de la couronne. Mais quelques années après, elle en fut détachée encore pour composer avec d'autres terres le douaire de la reine Marguerite de Provence, femme de saint Louis. Cette illustre princesse avait suivi le roi dans la croisade, et elle s'était distinguée par des traits de fermeté et de courage dignes de son héroïque époux. Son pouvoir sur la ville d'Étampes se signala aussi par de pieux bienfaits (2).

Nous ferons ici une remarque importante, et cette remarque, applicable aux pages qu'on vient de lire, peut l'être aussi en quelque sorte à plusieurs points de nos précédens récits. Plus d'un lecteur sera surpris de ne voir les règnes brillans de saint Louis, Blanche de Castille et Marguerite

(1) *Le chien pêcheur, ou le barbet des Cordeliers d'Étampes,* poème héroï-comique en latin et en français, fut composé en l'an 1714 par Claude-Charles Hémard de Danjouan, jeune habitant d'Etampes. Les vers latins en sont purs, élégans et corrects. La traduction en vers français, du même auteur, mise en regard du texte, nous semble inférieure. Mais malgré quelques tournures de phrases singulières et des expressions souvent un peu triviales, elle n'est pas dépourvue elle-même de finesse et d'originalité. (Voir à la note XI à la fin du volume, les fragmens de ce poème.)

(2) Le douaire de Marguerite de Provence avait été assigné par son contrat de mariage sur la ville et le comté du Mans; mais le roi Louis IX ayant dans la suite donné ces biens à son frère Charles d'Anjou, pour augmenter son apanage, transporta sur d'autres domaines le douaire de cette princesse; et c'est alors que le territoire d'Etampes, avec ceux de Corbeil, Dourdan, la Ferté-Aleps, etc., devint sa propriété.

de Provence, liés à l'histoire particulière d'Étampes, que par le souvenir des dotations religieuses dont ils gratifièrent cette contrée ou quelques territoires voisins. Mais si, dans cette occasion comme ailleurs, nous avons paru donner trop de place à des détails du même genre, à défaut de faits plus intéressans, qu'on veuille bien se rappeler que durant le moyen âge, la science, bannie de la cour et des villes, s'était réfugiée presque toute entière au fond des cloîtres. Quand les monastères recueillaient seuls alors l'histoire des faits et gestes de nos aïeux, n'était-il pas naturel qu'ils s'attachassent surtout à fixer la mémoire des événemens où leur nom et leurs intérêts se trouvaient mêlés? Ainsi lorsque nos regards, fouillant dans nos annales, découvrent à peine quelques faibles traces d'actions plus importantes, ils rencontrent souvent de minutieux détails sur une foule de fondations qui n'ont plus pour nous aujourd'hui qu'un bien mince intérêt. Si des passages plus précieux de nos fastes nationaux sont aujourd'hui perdus, n'en accusons donc que l'ignorance de nos pères; mais ne blâmons point l'historien des anciens âges, lorsque, parcourant un champ trop souvent stérile, il s'en vient humblement demander aux abbayes antiques les seuls documens que leurs chroniques aient conservés.

La seigneurie d'Étampes retourna de nouveau entre les mains des rois de France, à la mort de la reine Marguerite (20 décembre 1295) : mais elle en sortit bientôt encore. Le roi Philippe-le-Hardi avait ordonné en mourant, que Louis, l'un de ses fils, fût apanagé de 15,000 livres de pension annuelle, assignées sur des terres nobles en baronnie. Philippe IV, dit le Bel, fidèle aux dernières volontés de son père, céda à son frère, en paiement de cette somme, la jouissance perpétuelle pour lui et ses descendans, de la prévôté et châtellenie d'Étampes, d'Evreux, Gien et autres lieux.

Quelques auteurs ont cru reconnaître dans ce même prince Louis, premier comte d'Evreux, le premier comte apanagiste d'Étampes; mais leur opinion n'est appuyée sur aucun solide fondement. Dans des titres des années 1309 et 1313, nous voyons le frère de Philippe-le-Bel, se qualifier *fils de roi de France, comte d'Evreux;* mais il ne prend nulle part le titre qu'on a voulu si gratuitement lui attribuer.

Louis d'Evreux figure avec honneur dans plusieurs événemens importans des annales de la France. Sa fidélité envers son souverain ne se démentit jamais; et dans une occasion mémorable, il sut le défendre même au péril de ses jours. C'était à la fameuse bataille de Mons-en-Puelle, gagnée par Philippe-le-Bel, contre les Flamands (1304). Avant que la victoire se décidât pour les Français, un échec inattendu avait menacé nos troupes. Le roi avait été désarçonné; l'oriflamme qu'on portait près de lui venait d'être abattue, et ses gens se voyaient de toutes parts entourés d'ennemis. Soudain, Louis d'Evreux, aidé de nobles chevaliers, accourt au fort de la mêlée, délivre son frère, et en sauvant le roi, concourt puissamment au gain de la bataille (1).

(1) Chron. de Guill. de Nangis. — Chron. de Pierre d'Oudrighert.

Quant aux actions de Louis d'Evreux qui se rattachent plus particulièrement à l'histoire d'Étampes, il est juste de rappeler le titre qu'il fit publier le 24 mars 1309, en faveur des habitans de son territoire. A cette époque la vallée d'Étampes n'était point, comme il paraît qu'elle le fut plus tard, découverte et dégarnie de bois. Une vaste et belle garenne occupait alors, dit-on, toute la plaine des *Sablons*, et s'étendait sur les collines près de la ville et du château (1). Or, il arriva que les lapins, les lièvres et autres bêtes, dont cette garenne était l'habituel asile, causèrent de si grands dommages sur les terres voisines, que les habitans d'Étampes, de Brière et de Villeneuve, voyant ainsi leurs labeurs sans fruit et inutiles, s'en plaignirent hautement. Ils présentèrent une supplique à leur seigneur, afin qu'il leur permît de détruire un bois si fatal à leurs récoltes, lui offrant un dédommagement pour les revenus qu'il pouvait en tirer. Le prince Louis, touché des justes plaintes de ses vassaux, consentit à leur demande; et moyennant la somme de 2,000 livres tournois, il leur vendit cette belle forêt, qui ne tarda pas sans doute à tomber sous la hache des nouveaux possesseurs.

C'est en vertu des clauses exprimées dans ce titre de vente, que les habitans d'Étampes, plusieurs siècles après, revendiquaient le droit de chasser librement sur les terres des environs, pour détruire le gibier qui ravageait leurs blés ou leurs vignobles.

(1) C'est ce même lieu qu'on nommait plus communément *la Varenne*, par le changement du G en V, selon un usage ordinaire chez nos aïeux.

A la mort de Louis d'Evreux, ses deux fils exécutèrent le partage que leur père avait fait de ses biens (1319). L'aîné hérita du comté d'Evreux, et Charles, son puîné, reçut à son tour le territoire d'Étampes, Gien-sur-Loire et d'autres seigneuries. Le second de ces princes épousa Marie, comtesse de Biscaye, petite fille d'Alphonse X, roi de Castille, et de Blanche de France, fille de saint Louis. C'est vers cette époque que le roi Charles IV, dit le Bel, érigea en faveur de Charles, son cousin, la baronnie d'Étampes en comté (1). Cet événement ne doit point passer inaperçu dans l'histoire de cette ville. On découvre ici encore une nouvelle preuve de cette constante affection dont nos souverains lui donnèrent tant de marques. Nous avons vu le territoire d'Étampes possédé tour à tour par deux reines célèbres, mère et épouse du plus saint de nos rois. Si cette seigneurie, rentrée un instant dans le domaine de la couronne, en sort de nouveau, c'est pour devenir le brillant apanage de princes du sang royal, frères ou fils de monarques. Quelques années se sont écoulées à peine, et voilà que Charles-le-Bel, jette des regards flatteurs sur ce même territoire, et à cause de l'*aménité du lieu,* de l'*abondance, de la richesse de ses fruits*, transforme son titre de baronnie *en un nom plus élégant* (2). Dans la suite des temps, nos rois feront plus encore, ils érigeront en *duché* le sol de la vallée d'Étampes. Enfin

(1) La charte donnée à cette occasion, est datée du mois de septembre 1327. On conserve encore aux Archives du royaume (Trésor des chartes), l'original même de ce titre. Voir ci-après, à la note XII, à la fin du volume, une copie de cette pièce.

(2) Voy. les termes mêmes de l'acte d'érection.

quand ils voudront doter d'un bel et gracieux présent, les nobles dames dont la beauté aura su gagner leur cœur, c'est encore cette riante vallée qu'ils choisiront pour leur offrir les gages de leur amour.

Ici je dois borner la première partie de ma tâche. Cette course paisible à travers les différens âges d'une cité n'est point pour l'historien dénuée de charme et d'un vif intérêt. Mais, comme le voyageur qui visite des contrées diverses, il doit s'arrêter en certains points de sa carrière. De là il fixe des yeux le chemin qui lui reste encore à parcourir, et parfois il s'effraye à l'aspect des aspérités de la route. Si pourtant, durant ce temps, il voit ses premiers récits obtenir un favorable accueil, il sent que ses forces ne défailleront point; car alors il a reçu un précieux encouragement à de nouvelles veilles, à de nouveaux efforts.

NOTES

ET

PIÈCES JUSTIFICATIVES.

NOTE I.

Détails topographiques sur la vallée d'Etampes.

Le paysage qu'offre la vallée d'Étampes, vue des hauteurs voisines, peut être considéré comme l'un des plus beaux de la France, par son heureuse situation, sa variété et sa fraîcheur. Cette ville, située à 13 lieues de Paris, chef-lieu du 5e arrondissement de Seine-et-Oise, est la seconde du département, par son importance commerciale et par sa population qui s'élève à plus de 8,000 âmes.

Plusieurs rivières ou ruisseaux, tels que la Juine, la Louette, la Chalouette, etc., arrosent cette vallée. Les eaux de ces deux dernières, réunies au *Ponceau*, forment la rivière d'*Étampes*; celle-ci reçoit la Juine et prend plus tard le nom d'*Essonne*, pour aller se jeter dans la Seine près de Corbeil. Ces diverses masses d'eaux avec quelques autres ruisseaux qui serpentent dans l'arrondissement, alimentent dans leur cours près de 180 moulins. Étampes et son territoire en contiennent à eux seuls 30 environ, dont plusieurs sont remarquables par leur mécanisme dit de façon anglaise. Le commerce de cette ville consiste donc principalement en grains et farines. Il embrasse aussi les laines, les cuirs et les vins. C'est de là que l'on tire le sablon blanc, dit *sablon d'Étampes*.

On trouve dans la vallée d'Étampes le joli village de Morigny, et quelques belles habitations, telles que le château et le parc de Jeure, appartenant au comte Mollien, celui de Brunehaut, à M. de Viart. On peut compter aussi au nombre de ces agréables séjours le petit château qui a remplacé l'abbaye de Morigny; celui de Valnay, au sud-ouest de la ville; celui du petit Saint-Mars, et enfin cet autre manoir plus rapproché de la ville, désigné sous le nom élégant de *Vaudouleurs* (Vallis odoris).

On voit que nous nommons seulement ici les habitations les plus voisines de l'enceinte d'Étampes. Si quelques autres, dignes aussi d'être mentionnées, ne figurent point dans cette énumération, c'est que nous nous réservons d'en parler avec détail dans le second volume de cet ouvrage, où l'un des chapitres, consacré à une excursion aux environs d'Étampes, arrêtera les regards du lecteur sur les villages, bourgs et châteaux les plus intéressans de cette contrée.

. . . .

Les anciens auteurs qui ont parlé de ce territoire, n'ont point oublié de rappeler l'extrême abondance d'écrevisses dont est peuplée la rivière d'*Étampes*. C'est même sur ce point que semble se porter plus particulièrement leur attention. — « L'assiète de ce lieu, dit le savant André

« Duchesne dans ses *Antiquités des villes de France*,
« est belle et limitée de vignes, mais peu peuplée pour sa
« grandeur, encore que riche de bleds et autres commo-
« ditez. Lieu notable pour ce petit fleuve de son nom,
« auquel abonde si grande fourmilière d'escrevisses, déli-
« ces des Parisiens, que l'en vouloir désenger (épuiser) ce
« seroit faire l'impossible. Et lieu duquel un long bois de
« hestres et futeaux s'estendoit jadis jusques en cette
« vallée de Tourfour, (Torfou) vraye retraite de voleurs,
« et recommandable à si longues années par les pilleries
« et les meurtres qui s'y sont faits aux siècles passés. »

« Étampes, dit à son tour dans son naïf langage, l'au-
« teur du *Nouveau théâtre du monde*, (t. I, p. 168. —
« Paris, 1668) est une des villes les plus longues de
« France. Le lieu est remarquable pour les sablonnières
« et pour la petite rivière qui porte son nom, pavée
« d'une si prodigieuse quantité d'écrevisses, qu'il semble
« que tant plus on en pesche, plus il en vient. »

La vallée d'Étampes est encore renommée aujourd'hui par l'abondance de ce même genre de poisson, qui peuple toujours ses rivières, bien que cette abondance soit fort diminuée, sans doute par l'établissement de nombreuses usines et par les travaux journaliers qu'elles occasionent dans les cours d'eaux.

Nous ne terminerons point cette note sans rappeler les vers ingénieux et galans que le poète Clément Marot composa en l'honneur d'Anne de Pisseleu, duchesse d'Étampes, sur la situation de la vallée qu'elle avait reçue en don de la libéralité du roi François Ier. Peut-être ces vers n'ont-ils pas peu contribué à confirmer l'étymologie prétendue du mot *Étampes*, indiquée dans le premier chapitre de cet ouvrage.

« — Ce plaisant val que l'on nommoit Tempé,
« (Dont mainte histoire est encore embellie).
« Arrousé d'eaux, si doux, si attrempé,
« Sachez que plus il n'est en Thessalie :
« Jupiter roi qui les cœurs gaigne et lie,
« L'ha de Thessale en France remué,
« Et quelque peu son nom propre mué,
« Car pour *Tempé* veut qu'Estampes s'appelle.
« Ainsi lui plait, ainsi l'a situé,
« Pour y loger de France la plus belle. »

NOTE II.

Sur la reine Brunehaut.

(Chap. I et II, p. 12, 29 et 30.)

Brunehaut, fille d'Athanagilde, roi d'Espagne, épousa en 568, Sighebert, roi d'Austrasie. La postérité semble avoir confondu dans un même jugement les deux reines Brunehaut et Frédegonde : il y a cependant entre elles une différence. L'épouse de Chilpéric fonda sa propre élévation sur des crimes préparés et médités; tandis que la vengeance seule entraîna sa rivale à imiter celle dont elle voulait justement punir les forfaits. Brunehaut a été accusée d'avoir fait périr dix rois, deux maires du palais, saint Didier, etc., etc. Mais la calomnie a eu une grande part dans ces accusations. Cette princesse a signalé son règne par une foule de fondations pieuses et d'importans travaux. On voit encore dans la Bourgogne, la Flandre et la Picardie, de grandes levées et de superbes chaussées qui portent son nom. On ne peut toutefois disculper entièrement sa mémoire des crimes dont elle est souillée. « Brunehaut, a dit Bossuet, livrée à Clotaire II, fut im- « molée à l'ambition de ce prince ; sa mémoire fut dé- « chirée, et sa vertu, tant louée par le pape saint Grégoire, « a peine encore à se défendre. » On doit remarquer que les historiens ou chroniqueurs les moins favorables à cette reine, tels que Frédégaire, Adon et Aimoin, sont tous d'un temps postérieur. Ceux au contraire qui ont vanté cette princesse, comme Grégoire de Tours, Fortunat de Poitiers, le pape saint Grégoire, étaient ses contemporains. Quelques historiens modernes ont aussi défendu la mémoire de Brunehaut. On compte parmi eux du Tillet, Papire Masson, Boccace, Pasquier, Cordemoy et Velly.

On ne peut guère douter que la reine Brunehaut n'ait habité les lieux voisins de la ville d'Étampes qui portent encore aujourd'hui son nom. Quelques uns ont même cru, sans trop de fondement, que la plaine de Brière, dans le même territoire, avait été le théâtre de l'affreux supplice qui termina sa vie. Mais, ainsi que nous l'avons dit, il ne reste plus aujourd'hui dans la vallée d'Étampes aucune trace de l'ancien palais de Brunehaut. Peut-être devrions-nous ici décrire le parc charmant et les constructions modernes qui ont remplacé les vieilles fondations. Mais celui dont la main savante sut disposer avec tant d'art ces rians jardins, en a donné lui-même une élégante description dans un ouvrage précieux pour les propriétaires qui s'occupent de l'embellissement de leurs domaines (1).

(1) Voir le *Jardiniste moderne*, par le vicomte de Viart.

Or, cette description, que nous aimerions à pouvoir placer dans cette note, est trop connue des habitans d'Étampes pour que nous cédions au désir d'en citer quelques fragmens. On nous permettra du moins d'en rappeler la noble épigraphe :

— « Si Brunehaut, comme on croit, fut reine dans ces lieux,
On n'y reconnaît rien de ce règne odieux :
La nature et les arts en ont changé la face.
Mais pour en effacer jusqu'à la moindre trace,
Et plonger dans l'oubli son pouvoir infernal,
Faisons-y plus de bien qu'elle n'y fit de mal. »

NOTE III.

Sur le château d'Etampes et la tour dite de *Guinette.*

(Chap. IV, p. 50.)

Le château d'Étampes, par suite de son heureuse position à l'entrée des fertiles plaines de la Beauce, s'est trouvé souvent en butte à des attaques ennemies. Comme le château de Montlhéry, dont quelques lieues seulement le séparent, il a vu plus d'une fois, surtout durant le cours de nos guerres civiles, des troupes nombreuses, rassemblées à ses pieds, s'efforcer d'abattre ses murailles. Non moins donc que cette ancienne forteresse, on doit aussi le considérer comme un précieux monument historique; et la tour de *Montlhéry* et la tour de *Guinette,* seuls débris subsistant encore, après la ruine de deux grands édifices, doivent paraître d'une égale importance aux yeux de l'historien, de l'antiquaire et des amis de nos vieux souvenirs.

Ce n'est point ici le lieu, sans doute, de décrire avec détail des événemens qui plus tard trouveront chacun leur place dans le *texte* même de cet ouvrage : mais il ne me semble point inutile d'offrir dès à présent dans ces notes, un court précis de quelques uns des faits les plus intéressans qui concernent l'antique château d'Étampes.

Sous le règne de Charles VI, l'an 1411, au temps des guerres des Bourguignons et des Armagnacs, cette forteresse eut un rude siége à soutenir contre l'armée bourguignonne, où se trouvait le jeune dauphin, venu là pour faire ses premières armes. Après la plus vigoureuse résistance, la garnison fut forcée de se rendre. Louis de Bosredon qui la commandait, obtint la vie sauve avec trente de ses braves soldats. Tous les autres, dit-on furent passés au fil de l'épée.

En 1567, durant les guerres de religion, les calvinistes commandés par le capitaine Saint-Jean, frère du comte de Montgomery, vinrent assiéger Étampes. La ville fut prise d'assaut, et le château se rendit aux vainqueurs qui, après y avoir mis une forte garnison, marchèrent vers Dourdan (1).

En 1589, Étampes était devenu le rendez-vous des troupes de la ligue. Henri III s'empara de cette place qui avait refusé de se soumettre; et vers cette époque, dans l'espace de six mois, cette même ville tour à tour prise et reprise, fut attaquée et soumise trois fois. Le 5 novembre 1590, Henri IV partit de Linas, sous Montlhéry, et s'approcha d'Étampes, dans le dessein de se rendre maître de

(1) De Thou, t. v, p. 363.

la ville et du château. La garnison se retira tout entière dans la forteresse, qui fut investie par les troupes du roi. Privée des secours qu'elle attendait, elle se vit contrainte de mettre bas les armes. Henri IV fut généreux envers les vaincus. Touché ensuite des malheurs que les guerres précédentes avaient apportés aux habitans d'Étampes, il voulut pour l'avenir en détruire la cause : il ne laissa donc point de garnison dans leur ville, et fit raser les fortifications du château (1).

Durant les troubles de la Fronde, d'autres attaques tumultueuses vinrent affliger cette contrée. Tandis que le prince de Condé et le cardinal Mazarin se disputaient le droit de gouverner la France, la ville d'Étampes, pourvue alors d'une grande abondance de blé, se vit en butte aux assauts des partis ennemis. Le comte de Tavannes, commandant l'armée du prince de Condé, avait choisi cette place pour son quartier; quand au mois de mai 1652, l'armée royale, commandée par Turenne, vint en faire le siége. Louis XIV, encore enfant, assistait à cette expédition. Le siége dura quinze jours et fut très meurtrier, sans qu'il en résultât une victoire décisive pour aucun des deux partis

Le château d'Étampes, démantelé par les ordres d'Henri IV, fut détruit vers le milieu du dix-septième siècle, à la suite des guerres de cette époque. Mais pendant long-temps encore, on a pu voir plusieurs pans de murs ou des tourelles qui faisaient partie de l'édifice. Ce n'est que par degrés que l'on a démoli ces restes et déblayé entièrement le sol de la colline sur laquelle s'élève aujour-

(1) De Thou, liv. 97. — Journal du règne de Henri IV, t. IV.

d'hui l'énorme tour de *Guinette*. Vers l'an 1735, on abattit un nombre assez considérable de ces débris. Durant les premières années de notre siècle, quelques vieillards d'Étampes se rappelaient encore, dit-on, avoir souvent passé dans leur jeune âge, sous les arcades et les tourelles de la porte principale du château. Le chemin actuel de Dourdan était situé au dessous de ces tourelles. Celui qui était autrefois en usage, sortait par la *porte dorée*.

Quelques fouilles, déjà essayées sur ce sol, n'ont amené aucune découverte. Peut-être de nouvelles tentatives, faites avec suite et persévérance, produiraient-elles enfin quelques résultats satisfaisans, et dédommageraient-elles le maître de ces lieux de ses pénibles et utiles travaux.

NOTE IV.

Sur l'église collégiale de Notre-Dame d'Etampes.

(Chap. V, p. 62.)

La belle église de Notre-Dame d'Étampes, œuvre du roi Robert, comme Saint-Aignan d'Orléans, Saint-Pierre de Senlis, Notre-Dame de Melun, etc., avait été dotée par ce prince de biens considérables. De simples particuliers, ainsi que nous le voyons par le diplôme de Henri Ier, cité à la note V ci-après, l'avaient aussi enrichie de plusieurs revenus. Ce monarque y établit un collége composé d'un abbé et de douze chanoines. Dans un vieux cartulaire manuscrit conservé encore dans les archives de cette église, on trouve le texte de la plupart des titres ou lettres publiés en sa faveur à diverses époques, par les souverains pontifes ou les rois de France. On y voit entre autres fondations, que dans les années 1254 et 1255, saint Louis, par suite de sa dévotion particulière pour Notre-

Dame d'Étampes, y institua deux chapellenies royales, l'une à l'autel de Saint-Denis, l'autre à celui de Saint-Pierre.

On découvre aussi dans ce cartulaire une copie de l'acte de division du territoire des paroisses Notre-Dame et Saint-Basile. Jusque vers l'an 1226 en effet, ce territoire était demeuré commun : mais à cette époque, par l'autorité de Gaultier, archevêque de Sens, ces deux paroisses furent séparées et renfermées dans la circonscription qu'elles occupent encore aujourd'hui.

NOTE V.

Diplôme du roi Henri Ier.

(Chap. VI, p. 75.)

Cette charte, extraite d'un vieux cartulaire, et que nous donnons ici en entier à cause de son importance pour l'histoire de la ville d'Étampes, se trouve aussi imprimée dans l'ouvrage du P. Fleureau. Mais elle y est entachée de quelques fautes que nous avons pris soin de rectifier d'après le manuscrit.

In nomine sanctæ et individuæ Trinitatis. Ego Henricus Francorum Rex. Cum in exhibitione temporalium rerum, quæ humana religio, divino cultui famulando, locis sanctorum et congregationibus fidelium, ex devotione animi largitur, tam præsentis, quam perpetuæ vitæ, ut jampridem multis expertum est indiciis, solatium adquiratur : saluberrimus valdè et omnibus immutabilis est hic fructus primitivæ virtutis, scilicet charitatis, per quam, et mundi per spatia tranquillitas, et felici remuneratione æterna succedit felicitas. Noverit ergo omnium Sanctæ Matris Ecclesiæ fidelium et nostrorum solers curiositas, quod devotè accesserit ad nostræ Serenitatis præsentiam communis assensus Sanctæ Mariæ Stampensis castri, postulans, et obnixè obsecrans nostræ auctoritatis præcepto, firmari ea quæ Herchembaldus Præpositus, et plures alii, annuente, vel potiùs favente bonæ memoriæ genitore meo, Roberto, prædicto loco concesserant. Sunt autem quæ annotari petierunt hæc : Vicus qui dicitur Canisculus.cum omnibus appendentiis, sine ullâ redhibitione, precariam unam in terra Sanctæ Crucis cum omnibus consuetudinibus, sub censu V solidorum. Sepultura Stampensis castri, et totius suburbii, cum Ecclesiâ Sancti Basilii à molendino Senauni usque ad terram quæ pertinet ad vetus ædificium Turris Brunichildis in eodem suburbio, et usquè ad ripam Juinæ. Molendinum unum cum hospitibus; cum omni consuetudine ad nos pertinentibus in suburbio. Oblationes altaris Sanctæ Mariæ per totum annum, exceptâ Assumptione Sanctæ Mariæ. Alodum quod dicitur Magnervallo et Frotmundivillario cum omnibus consuetudinibus, et unum alodum, quod dicitur Ansenivillario, ex beneficio Teudonis militis, cum omni consuetudine, et unum alodum in villa quæ dicitur Alba terra cum duobus hospitibus, et cum omni consuetudine, et unum alodum in villâ quæ dicitur Montelesbati, et precariam unam in villâ quæ dicitur Nuárevieris, cum omnibus consuetudinibus, sub censu duodecim denariorum. Et unum alodum in villâ quæ Mauriniacus dicitur, et duos molendinos in Biervilla, sub censu x solidorum, qui census de fisco regali, donante Roberto Rege, ad opus Ecclesiæ persolvitur. In Sarcleriis dimidium molendinum in vadimonio precii III unciarum Auri et 40 solidorum. In supradicta Biervilla Molendinum unum sub censu trium solidorum, et de culturis Regis quæ supra Stampas vetulas sunt, decimas. Et juxta Molendinum nostrum in suburbio vineam, cum II hospitibus, sub censu v solidorum. Subtus castrum Stampense vineæ arpentum et dimidium quod solvit XIV denarios, et unum alodum apud mansum Bavonis quod dedit Adeladis filia Benzelini propter sepulturam ejus, et aliud alodum quod dedit supradicta Adeladis, post excessum ejus, et domum sui in villâ quæ dicitur Roureia : et ne Præpositus Stamparum, vel aliqua alia persona audeat aliquid invadere, vel accipere in domibus Canonicorum. Et ne hospitantur canonici ullo modo. Si autem in posterum alicui personæ locus concederetur ad custodiendum, ne ejus Prælatio Canonicus obesse posset. Omnia ministeria Ecclesiæ Canonicorum potestati et voluntati concedimus : et ne discutiatur causa Canonicorum judicio alicujus personæ sæcularis, nisi tantùm Regis judicio, aut præcentoris, cui committetur ille locus ad custodiendum. Hæc suprà annotanda, et exarata, quæ hactenus sunt concessa, et quæ modo, Domino donante, concedenda regali præcepto concedimus, et nostrâ auctoritate adstipulando corroboramus, eo pacto, ut si quis legem dissimulando, vel negligendo hæc violare temptaverit, conatus illius omnino frustretur; et fisco regali centum libræ auri persolvantur. Actum Compendii, MXLVI Anno Incarnati Verbi, regnique Henrici Regis XVI.

Ego Balduinus Cancellarius relegendo subscripsi.

(Archives de l'église Notre-Dame d'Étampes.)

NOTE VI.

Sur la franchise de Challo Saint-Mard.

(Chap. VI, p. 76 et 79.)

La charte du privilége octroyé par Philippe Ier à Eudes-le-Maire, dite vulgairement la *franchise de Challo Saint-Mard,* fut donnée au palais du roi à Étampes, au mois de mars 1085. L'original de cette pièce n'est point parvenu jusqu'à nous. Vers le temps du roi Saint Louis, trois illustres abbés, de Saint-Magloire, de Saint-Victor et de Sainte-Geneviève de Paris, certifièrent avoir vu et lu cet original, auquel ils ont déclaré conforme la copie qui leur fut soumise. Voici le texte de cette copie, extraite des archives dite de Challo Saint-Mard, qui furent longtemps conservées à l'Hôtel-de-Ville d'Étampes.

Charte de la Franchise d'Eudes-le-Maire, dit Challo Saint-Mard.

Notum fieri volumus tam præsentibus quàm futuris. Quod Odo Maior de Challo, nutu divino, concessu illustrissimi Regis nostri Philippi, ad Sepulchrum Domini perrexit, qui Ancelidum filium suum, et quinque filias suas in manu et custodiâ Regis nostri dimisit, et ipse Rex pueros illos in manu suâ et custodiâ accepit et retinuit. Concessit quoque Ancelido, et quinque præfatis sororibus suis Odonis filiabus, pro Dei amore, solâ charitatis gratiâ, et Sancti Sepulchri reverentia, quod si hæredes masculi ex ipsis exeuntes, fœminas jugo servitutis Regis detentas, matrimonio duxerint, liberabat, et à vinculo servitutis absolvebat. Si vero servi Regis fœminas de genere hæredum Odonis, maritali lege ducerent, ipsæ cum hæredibus suis, non sint amodo de servitute Regis. Prætereà hæredibus Odonis, et eorum hæredibus, marchiam suam de Challo, et homines suos custodiendos in feudo concessit. Itaque pro nullo famulorum Regis, nisi pro solo Rege justitiam facerent.

Et quod in totâ terrâ Regis nullam consuetudinem darent. Rex autem præcepit famulis suis de Stampis, ut custodirent Cameram suam de Challo, quia Challo debet custodire Stampas, et earum servandarum curam diligenter habere.

Et ut hæc libertas, et omnia firma et inconvulsa permaneant, memoriale istud fieri, nominis sui caractere, et sigillo signari, et præsente propriâ manu suâ Cruce Sanctâ corroborari præcepit. Adstantibus de palatio ejus, quorum nomina et signa sunt subtitulata. Signum Hugonis Dapiferi, S. Gastonis de Pestiaco Cubicularii. S. Pagani de Aureliis Buticularii. S. Guidonis fratris Galeranni. Actum Stampis, in palatio, mense Martio, anno ab Incarnationis millesimo quater-vigesimo decimo quinto, Regni ejus trigesimo septimo. Interfuerunt præfatæ libertati in testimonio veritatis Anselmus filius Aremberti. Albertus Bruniconiatus. Gisnerus sacerdos de Challo. Gerardus decanus, etc.

Ego frater Andreas beati Maglorii Parisius humilis Abbas, testificor me vidisse privilegium illustrissimi Regis Philippi, et verbo ad verbum legisse, prout continetur in præsenti scripto.

Ego frater Anselmus sancti Victoris Parisius humilis Abbas sic testificor.

Ego frater Theobaldus sanctæ Genovefæ Parisius humilis Abbas, idem testificor, etc.

Ce privilége fut confirmé tour à tour par la plupart des rois de France, successeurs de Philippe Ier, jusqu'au jour où François Ier crut devoir enfin lui assigner des bornes. Le même roi Philippe avait accordé aux héritiers d'Eudes-le-Maire, la châtellenie de Challo ou Challou Saint-Mard. Favin, dans son histoire de Navarre, écrite l'an 1612, dit qu'on voyait encore de son temps à la grande vitre du chœur de l'église de ce village, dédiée à Saint-Médard, les armes de ce bourg, *à sçavoir,* ajoute-t-il, *un chat et un loup, pour les représenter en rebus de Picardie* (liv. 18e). On chercherait vainement aujourd'hui dans l'intérieur de l'église, quelques traces de cette étrange peinture; mais ce qu'on n'a peut-être pas encore remarqué jusqu'ici, c'est que sur le haut du clocher, à l'un des angles et en saillie, on découvre pareillement l'image d'un chat grossièrement sculptée en pierre. Sur l'angle correspondant se trouve une place vide où l'on doit présumer qu'à raison de la symétrie figurait aussi la représentation de quelque animal. Nul doute que cet animal ne fût le loup lui-même, dont le temps aurait ainsi moins respecté l'image que celle de son compagnon.

Le village de Challou Saint-Mard est situé à une lieue environ de la ville d'Étampes. Il est assis sur le penchant d'une douce colline, d'où l'on découvre de belles vallées arrosées par la *Loüette* et la *Chaloüette*. A quelques pas des premières maisons, on aperçoit au milieu de grands arbres, une belle et gracieuse habitation, appartenant à la famille de Prunelé, dont le nom est cher à la contrée.

Le roi Philippe Ier établit à Étampes une chambre (*camera*) pour la conservation des titres et autres objets concernant le privilége de Challo Saint-Mard. Durant de longues années en effet, on a vu à Étampes quatre particuliers, notoirement issus de la postérité d'Eudes-le-Maire, préposés à la garde de ces priviléges.

Les armes de Challo Saint-Mard et de ses descendans sont de Jérusalem, d'argent à la croix potencée d'or accompagnée de quatre croisettes de même, à enquette, écartelé de sinople à l'écu de gueules chargé d'une feuille de chêne d'argent, à la bordure d'or. Pour supports, deux griffons et une levrette sortant à mi-corps de la couronne, avec ces mots pour devise : *mori malo quàm fœdari.*

Les descendans d'Eudes-le-Maire prétendent que Philippe Ier leur avait donné, pour leurs armes, ce quartier de Jérusalem. Mais c'est une erreur manifeste, dit le docte Montfaucon, car en ce temps-là il n'y avait point d'armoiries, et les rois ne donnaient point de lettres de noblesse.

Ces armes se voyaient autrefois dans l'église Saint-André-des-Arts, à Paris. On les voit encore sur les vitraux de l'une des chapelles de l'église Saint-Étienne-du-Mont (la deuxième à gauche en entrant par la rue de la Montagne Sainte-Geneviève).

NOTE VII.

Charte de la franchise du marché Saint-Gilles d'Etampes.

(Chap. VII, p. 88.)

In nomine sanctæ et individuæ Trinitatis. Ludovicus Dei gratiâ Francorum Rex, notum fieri volo cunctis fidelibus, tam instantibus, quàm futuris, et omnibus illis, qui apud Stampas, in foro novo nostro hospitati, vel hospitandi sunt, hanc consuetudinem à festo S. Remigii, quæ XVII anno regni nostri fuerit, in decem annos concedimus, ut infrà hos terminos ab omni ablatione, tallia, expeditione, et equitatis quiti, et soluti penitùs permaneant. Annuimus etiam quod illi submonitionem vel falsum clamorem non emendent. Iisdem prætereà forisfacta LX. solidorum, pro quinque solidis, et quatuor denariis : de districto, et forisfacto VII solidorum, et dimidii, pro sexdecim nummis, omnibus diebus condonamus. Nullus insuper minagium, nisi die Jovis, donabit. Quocumque etiam in juramento quispiam vocatus, si jurare noluerit, juramentum illud non redimet. Omnes quidem illi qui in prædictum forum nostrum, vel in domos hospitum ejusdem fori annonam, vel vinum, vel res quaslibet adducent, quieti cum omnibus rebus simul in veniendo, in morando, in redeundo ità permaneant, quod pro suo, vel suorum Dominorum forisfacto à nullo homine capientur, aut disturbentur, nisi in forisfacto præsenti deprehendantur. Hæc omnis, exceptis ablatione, et expeditione, et equitatu, et talliis, de quibus infrà prædictos terminos quieti erunt, illis diebus concedimus omnibus. Quod ne valeat oblivione deleri, scripto commendavimus : et ne possit à posteris infirmari, sigilli nostri auctoritate, et nominis nostri caractere subterfirmavimus. Actum Stampis publicè, anno Incarn. Verbi M. CXXIII. regni vero nostri XVI. Astantibus in Palatio quorum nomina subtitulata sunt et signa : Stephani Dapiferi, Gilberti Buticularii, Hugonis Constabularii, Alberti Camerarii, et Stephani Cancellarii.

(Archives de l'Hôtel-de-Ville d'Étampes.)

NOTE VIII.

Sur le droit de Commune d'Etampes.

(Chap. VII, p. 86.)

Le droit de commune d'Étampes dont il est question au chapitre VII, n'est connu, ainsi qu'on l'a vu, que par l'acte de révocation émané du roi Philippe-Auguste. Cet acte est extrait d'un vieux cartulaire, dont l'original se trouve au Trésor des chartes (Archives du royaume), une copie à la Bibliothèque royale, et une autre également à la Chambre des Comptes. Au sixième feuillet de ce même registre, on découvre un document assez curieux pour l'histoire d'Étampes, et qu'il ne sera point sans doute hors de propos de rapporter ici. C'est le dénombrement des seigneurs qui tenaient immédiatement du roi, des fiefs ou arrière-fiefs, situés au bailliage d'Étampes.

Voici cette énumération, dans laquelle on peut retrouver

quelques noms, aujourd'hui encore bien connus dans la contrée.

Isti sunt de Bailliva Stampensi de Rege, et habent sexaginta libras reditus. Luca de Richervilla, Jacquelinus de Ardena, Joannes de Bouvilla, Domina Alix de Auvertiaco, Joannes de Boutervillier, Guillelmus Prunelès, Philippus de Cathena, Petrus de Rocejo, Thomas de Braia, Crispinus de Orfino, Andræas Polin.

Isti sunt milites tenentes de aliis in eadem Castellania, et habent LX libras reditus.

Gilo de Oistreville, Manasserus de Galandes, Petrus de Thuscis, Bartholomœus Davinvilla, Ferricus de Cathena, Ferricus de Busone, Petrus de Brueriis, Joannes Juvenis de Botervillier, Ansellus de Botervillier, Guillelmus de Taignunvilla, Guido de Forest, Thomas Furnarius, Joannes de Aureliis.

Dans la copie de ce vieux cartulaire, conservée à la chambre des comptes, on trouve aussi l'énumération des seigneurs qui tenaient des fiefs du roi Philippe-Auguste, au bailliage de Lorris en Gâtinois (in baillivâ Loriaci). Parmi eux, on rencontre également des noms connus encore au pays d'Étampes, tels que Guillaume de Barville et Godefroi son frère (*Guillelmus de Barvilla, et Gothefredus ejus*).

NOTE IX.

Compte général des revenus tant ordinaires qu'extraordinaires du roi (Philippe-Auguste) pendant l'année 1202.

(Chap. X, p. 141.)

ANNO DOMINI M° CC° SECUNDO.

Fragmens relatifs à Étampes.

. . . .

. . . .

Stampæ. De 1° termino, v^{c} l.

Expensa :

Hugo de Gravella. LXIIII. l.

Ad claustrum de Auvers vindemiandum. VIII. l., V. s. minùs.

Magister Richerius. LX. s.

Capellani S. Jacobi. XXV. l.

Templarii. XXX. l.

Sanctus Lazarus. IIII. l.

Capellanus Regis. XX. s.

S. Lazarus, pro XII. modiis vini IIII. l. et XVI. s.

Consergius, pro II. modiis vini. XVI. s.

Capella, pro II. modiis vini. XX s.

Pro redecima Prioris Stamparum Veterum. IIII. l.

De x modiis vini pro expensa Auberti qui ivit vendere blados Stampis. XXV. s.

Summa. VII^{xx} et VI. l. et XII. s.

Frater Haimon. XVIII^{xx}. l. c. s. minùs. Et debentur ei XXXII. s.

. . . .

. . . .

CANT. STAMPARUM.

De veteri tallia. X. l.

De veteri brenagio. LXXV. s.

De censu vinearum. XIII. l.

De ulmo tronco. VI. s.

De censu desuper fossatos. XIIII. s.

De brenagio Aurel. LXXV. s.

De pocinagio Stamparum. XVII. s.

De area Arnulphi Frambaudi. XII. d.

De venditionibus ulmi truncatæ. XXV. s.

De bociis. L. s.

De pice. V. s.

Summa. XXXVI. l. et VIII. s. computatâ expensa veteri.

Expensa :

De veteri expensa. LXXV. s.

De censu vinearum. XIII. l.

Et debet XIX. l. et XIII. s.

. . . .

. . . .

STAMPARUM. De ultimo tertio usque ad Natale, vc et xx. l.

Et pro servientibus Stamparum, vc et xxxv. l.

Et pro se, xxx. march'.

Expensa :

Hugo de Gravella, à festo Omnium Sanctorum usque ad quintanam. LVII. l.

Pro ferratis ducendis de Auvers usque ad Meduntam, c. et XII. s.

Magister molendinorum fullericiorum, x. l. et VIII. s.

Fratres de Ense, pro decima, XXXVII. l. et dim'.

Summa c. et x. l. et x. s. Et de veteri compoto, XXXII. s. Et de veteri, pro fratre Phil' Ennen. xx. s. Pro domibus et turre parandis XL. s. Pro fossatis parandis, LX. s.

Pro duobus furet' iis XL. s. Bellus-locus, xxx. s. Pro rupibus frangendis in clauso Auvers, IIII. l.

Summa totalis VI^{xx}. l. et c. et XII. s.

. . . .

. . . .

Hugonis de Gravella, die Sabbati ante Magdalenam.

. . . .

Pro piscibus Stamparum, XL. l.

NOTE X.

Sur la reine Ingelburge.

(Chap. XI, p. 166, 167.)

L'histoire des malheurs de la reine Ingelburge est l'un de ces faits trop peu connus de notre histoire nationale, qui, sous la plume d'un écrivain habile, pourraient fournir le sujet d'un drame touchant ou d'un poëme rempli du plus tendre intérêt. Mais s'il est à désirer que le poète s'empare de ce triste épisode pour l'embellir et le parer de fleurs, il l'est aussi, qu'un savant consciencieux, par des recherches approfondies, s'efforce d'éclaircir entièrement un point d'histoire sur lequel les auteurs français ont donné peu de détails et qui présente quelques obscurités.

On a vu que la reine Ingelburge, après la mort de son époux, était venue passer les années de son veuvage dans l'île Saint-Jean, près Corbeil, aux rives de l'Essonne, au sein d'une douce et paisible retraite qu'elle avait fait bâtir. Le roi par son testament lui avait accordé une somme de dix mille livres parisis (septembre 1222). S'il ne fit point un don plus considérable à une épouse qu'il reconnaissait avoir bien mérité de son amour, ce fut uniquement, comme il l'avoue lui-même, afin de pouvoir mieux s'amender, et restituer plus facilement les biens dont il jouissait par une injuste acquisition (1).

Après douze années environ écoulées dans cette charmante solitude, Ingelburge y rendit le dernier soupir, et son corps fut enseveli dans l'église qu'elle avait fondée (1236). Il y reposa long-temps sous un tombeau couvert d'une lame de cuivre, où son image était gravée, et sur laquelle on lisait l'épitaphe suivante en vers latins :

Hic jacet Isburgis Regum generosa propago :
Regia, quod Regis fuit uxor, signat imago.
Flore nitens morum vixit, patre Rege Danorum,
Inclyta Francorum Regis adepta thorum.
Nobilis hæc erat in Orbis, quod sanguine claro,
Invenies raro, mens pia, casta caro.
Annus millenus aderat, deciesque vicenus,
Ter duo terque decem cum subit ipsa necem (2).
(Anno 1236.)

(1) ..... Item donamus benè meritæ, uxori nostræ Isemburgi Reginæ Francorum, decem millia lib. paris. quamvis ampliora eidem Reginæ possimus donare; sed ità nos taxavimus, ut ea quæ injustè recepimus, possemus pleniùs emendare. (Testam. Phil.-Aug.)

(2) Apud Chesnium, t. v. Rer. franc., p. 261. — Epist. S. Guilelmi, Rec. des hist. de Fr., t. XIX.

Celui qui écrit ces lignes, visitant, l'automne dernière, l'île délicieuse de Saint-Jean, près Corbeil, y cherchait vivement des yeux toutes les traces du séjour d'une princesse que sa beauté, ses vertus et ses malheurs ont rendue justement célèbre. Il aperçut des ouvriers occupés à déblayer les derniers débris du palais qu'elle avait fait construire. Mais tout à côté, il vit la charmante église, ouvrage de ses mains, debout encore, et il applaudit avec joie à la conservation de ce précieux monument. C'est en vain toutefois que l'étranger, amené sur ces rives par la curiosité ou l'attrait des vieux souvenirs, cherche la pierre sculptée qui couvrait le tombeau de l'épouse d'un grand roi. Elle a disparu : on montre seulement à ses regards avides une autre pierre en marbre noir, encadrée dans l'une des cloisons d'un petit bâtiment voisin, et sur laquelle il peut lire l'inscription suivante :

Hic jacet Regina Isburgis
Dacorum Regis filia, uxor
Philippi-Augusti
Francorum Regis, hujus
Prioratûs Sancti Joannis
In Insulâ, ordinis Sancti
Joannis Hierosolimitani,
Fundatrix pia et munifica;
Obiit anno 1236, mense Julio.
Marmoreum hoc saxum
In gratitudinis monimentum,
Poni curaverunt prior et

Religiosi cùm altare vetustate
Dirutum, novum construxerunt.
(Anno 1736.)

J'ai vu aussi cette simple pierre, consacrée il y a un siècle par des mains reconnaissantes à la mémoire d'Ingelburge. D'autres regretteront sans doute qu'un monument plus fastueux n'ait point été élevé sur ces bords, pour y perpétuer le souvenir d'une illustre reine de France. Pour moi, je n'ai pu voir sans attendrissement cet humble témoignage de la gratitude des hôtes du prieuré de Saint-Jean en l'île. Bien que pauvre et isolée, cette pierre cependant doit paraître précieuse. Mieux que de riches emblêmes, ne rappelle-t-elle pas dignement la mémoire d'une princesse qui long-temps, pauvre elle-même et délaissée, vint couler dans la retraite les derniers jours d'une carrière dont beaucoup de larmes et quelques courtes joies s'étaient partagé en inégales parts la touchante destinée?

NOTE XI.

(Chap. XII, p. 176.)

LE CHIEN PÊCHEUR,

OU

le Barbet des Cordeliers d'Etampes,

POËME HÉROÏ-COMIQUE,

en latin et en français.

CANIS PISCATOR.

Qua per odoriferos Stemparum Naïades hortos
Implicuêre duos, undis concordibus, amnes
Nympha Loë, germana Loës et Julia Nympha,
Est antiqua domus sacris habitata colonis,
(Seraphidas dixêre pio cognomine Patres,)
Frondibus umbrosis et amœnæ cespite ripæ
Grata domus, grati jucundior arte Catelli,
Non huic de trivio genitor, nec degener ipse
Fert oculis atavos et totam pectore gentem :
Crispula cæsaries, patrium Barbatulus unde est
Cognomen, vultique refert animoque leones,
Viribus inferior, per quas nec tendere cervis,
Se neque fulmineos valeat committere in apros,
(Nam quis Seraphidis non sic venantibus, usus ?)
Liminis hinc custos latratibus impiger arcet
Quos auferre videt potiùs quàm afferre paratos;
Idem blandus heris, notoque affabilis ori,
Quisquis Seraphicis incesserit ornamentis.
Sed cui commissa est beneolentis cura culinæ,

LE CHIEN PÊCHEUR.

Dans ce charmant vallon où Loëte et sa sœur
Unissent deux ruisseaux d'inégale grosseur,
S'élève un bâtiment d'architecture antique,
De tout tems habité par l'Ordre Séraphique.
Un verger le couronne, et des arbres épais
Y donnent à qui veut le couvert et le frais.
Par mille autres endroits ce séjour est aimable,
Mais un Barbet surtout le rend considérable.
Issu d'illustre race, il porte dans ses yeux
Le beau feu qu'y jeta le sang de ses ayeux.
Des flots de ses longs poils l'élégante frisure,
Imite du lion la vaste chevelure.
La nature, il est vrai, par une heureuse erreur,
Le revêtit d'un corps bien moindre que son cœur.
Aussi n'étant pas né pour la chasse ordinaire,
Inutile talent dans un bon monastère,
Il se borna d'abord à garder la maison,
Aboyant le passant, quelquefois sans raison,
Lorsqu'il le voit surtout vêtu de telle sorte
Qu'il vient en demander plutôt qu'il n'en apporte.
Aux Pères, comme il doit, toujours il rend honneur;

Gratior is, quotiesque pium vectigal ab urbe,
Hinc collectitium, perâ bipatente, lyæum
Inde refert cererem; sub pondere fessus amico,
Obvius it et peram Barbatulus ambit odoram,
Quàque potest gratum reduci testatur amorem.
At simul assandas verubus transfigere carnes
Viderat; invisæ tum vertere terga culinæ,
Quærere tum latebras, longi memor ille laboris,
Suspensam versare rotam qui sæpe coactus,
Sisyphus infelix, refluumque Ixionis orbem.

. . . .

. . . .

. . . .

Ecce sed ecce dies, nativis currere ripis
Quo permissa Loë dudum captiva. Nec olim
Qui nunc est, mediam cursus fuit ire per urbem.
Qua tulit ingenium, pratis errabat amœnis
Nympha Loë, nostras incassùm viseret arces
Sæpè rogata Loë. Congestis, haud mora, cives
Molibus impediêre fugam : tumet illa redundatque
Illatam sibi vim indignata, sed ire necesse est,
Ac licèt in pronas rapiat se plurima valles,
Parte tamen meliore suî invisam alluit urbem,
Urbem invita beat, centum variata per artes,
Dum sibi quisque rapit, gratamque moratur in hortis
Hospitem et irriguâ fœcundat gramina Nymphâ.
Ne tamen hinc Stempana sibi gens speret amicam;
Neu sibi concessi gratetur præmia Cancri.

Aux frères fait sa cour, et surtout au Quêteur.
Du plus loin qu'il revoit ce moissonneur habile,
Courbé sous le doux faix des présens de la ville,
Par l'odeur attiré comme par un aimant
Il court, en sa façon, lui fait son compliment.
Mais aussi lorsqu'il sent le temps du souper proche,
Il craint plus que le feu le maudit tournebroche.
Quel supplice en effet! toujours en action,
Pour le plaisir d'autrui, tourner comme Ixion!

. . . .
. . . .
. . . .

Enfin il arriva ce moment souhaité
Qui tira le talent de son obscurité.
C'était ce jour heureux où la Nymphe captive,
Pour quelque temps retourne à son aimable rive,
Rive qu'elle forma, qu'elle chérit toujours,
Où, malgré tous nos vœux, l'entraîneroit son cours,
Si de nos citoyens l'audacieuse ligue
N'opposoit à ses flots une puissante digue.
Après combien d'efforts! que de rudes combats!
Mortels, de ce succès ne vous élevez pas.
Vous sentirez le poids de toute sa vengeance ·
Elle entrera chez vous, malgré sa répugnance :
Mais si vous profitez du fruit de son séjour,
Vous ne pourrez jamais mériter son amour.
Le don qu'elle vous fait vous déclare la guerre.
L'Ecrevice est terrible et sur l'onde et sur terre.
Quoique cet ennemi recule quelquefois,
Ne vous y fiez pas, prenez garde à vos doigts.

Quod dedit ambiguum est, videas in munere et iram.
Bella minax totusque tibi denuntiat hostem.
Scilicet à summo cataphractum vertice corpus
Tergeminæ cinxêre manus, Briarea putaras,
Insuper et bifidis armant hastilia chelis,
Nec, quamvis se retrò ferat, minùs inde timendus;
Parthica tela gerit certum fugitivus in ictum.
Nec satis : at celeres mutabile corpus in annos
Anguis more dedit spolium ponentis et ævum :
Ignibus ut Phœnix, juveniscit Cancer in undis.
Hinc animi, hinc fortis ridere pericula virtus,
Nec, si fortè manum sævus truncaverit hostis,
Sit labor : est jactura levis reparabilis artus.
Ah! digitis fixus quoties horrentibus hæsit
Cancer! et excussam vellent amittere prædam
Prædones avidi, jam lucrum exitiale perosi!
Ah! fœdi quoties piscantum sanguine fluctus
Victor et hostilis se ingurgitat amne cruoris!
  Irrita sic Nymphæ recidebant dona malignæ :
Vimineæ si quos nassæ vel inescat arundo
Subdola, rara tamen, nec erat par præda labori :
Nullus dum veram potiendi noverat artem.
Scilicet egregio laus hæc servata Catello,
Ut novus Alcides recidivam frangeret hydram.
  Fulserat ille dies, miseris subducere Cancris
Quo fluvium, solitique Loen permittere Cives
Ingenio, certas, purgetur ut alveus, horas.
Commata rumpuntur; rapido simul impete torrens

Il n'est en tout son air rien qui ne vous menace :
Il a le casque en tête, il porte la cuirasse,
Et comme un Gerion, par six bras défendu,
Il perce jusqu'au sang le Pêcheur éperdu.
On voit l'onde rougir, et la Nymphe outragée
S'applaudit en secret d'être si bien vengée :
Elle boit à longs traits la sanglante liqueur,
Et pour comble de rage, en nourrit le vainqueur.
Pour lui, par un bienfait à nul autre semblable,
Comme un nouvel Achille, il est invulnerable.
Ainsi lors quelquefois, dans ces affreux combats,
Que pour sauver le corps il abandonne un bras,
Un autre bras succède, et bientôt le remplace.
De là cette valeur, de là vient cette audace
Qui lui fait prodiguer ces membres étonnans,
Mille fois emportés, mille fois renaissans.
Bien plus, son corps entier souvent se renouvelle,
Il quitte son écaille, en prend une plus belle,
Et tel que le Phénix, reproduit tout nouveau,
Dans son sepulchre même il trouve son berceau.

Tel étoit le présent de la Nymphe hautaine,
Si l'on en profitoit, ce n'étoit pas sans peine :
Et la peine toujours surpassoit le profit.
L'Hydre trouva l'Hercule enfin qui le défit.

Trois hivers écoulés, on leve la barriere,
Qui dans un lit forcé captive la riviere :
Le fleuve impétueux s'échape en un moment,
Et laisse les poissons hors de leur élément :
Comme un autre Tantale, on y voit sur les rives
L'Ecrevice cherchant les ondes fugitives.

Effugit : attonitos linquunt sua flumina pisces.
Qualis hians refugos captat cùm Tantalus amnes,
Sic refluas Cancri mirantur cedere lymphas :
Se quoque retro ferunt, patriam retinere fugacem
Si valeant, medio quærunt in flumine flumen.
Plebs ruit interea, pisces rapiuntur inermes :
Rete manus : nec Seraphides cessare, sed altâ
Succinctus tunicâ vacuum se mittit in alveum
Horrea Cancrorum, fœtas et piscibus ædes
Herboreâ scrutans ripâ. Canis ipse secutus,
Ut mos, olfaciens, huc errabundus et illuc
Dum fert ora cavis explorans naribus hostes;
Vellera corripiunt contracto forcipe Cancri,
Prædam quippe rati, stringuntque tenacibus ulnis.
Excutit ille jubas, vultumque in terga retortus
Tela timet, dextramque ululans implorat herilem.
Hic simul aspexit, monstrum simul admiratus :
Ergo Canes undis venantur, dixit, in ipsis
Arte novâ! Tyrius, (narrat sic fama) Catellus
Muricis inventor, patulis conchylia testis
Littore dum quærit, rutilantia purpurat ora.
Tu melioris ades, Barbatule, muneris autor :
Purpura nil nobis : sed egentibus utilis esca.
Dixit, et insoliti captus dulcedine lucri,
Rursùs inire jubet, panemque immittit ituro.
Involat ille celer, prædaque superbus opimâ
Mox redit. O domini quæ gaudia, qui complexus!
Ille referre vicem promptusque capescere jussa,

Alors chacun s'empresse à prendre part au gain,
Et les poissons, ce jour, se pêchent à la main.
Tous profitent du temps, il n'est pas jusqu'au Frere
Qui les bras retroussés, en tunique legere,
Ne cherche l'Ecrevice en ses antres profonds :
Barbet le suit aussi, Barbet fait mille bonds ;
Et sans crainte foulant le bourbeux marécage,
Va flairant dans les trous qui sont sous le rivage ;
L'Ecrevice aussitôt le prend pour un appas,
Et de la double serre entr'ouvrant le compas,
Par ses crins le saisit ; un autre vient ensuite :
Le Barbet vers son maître à l'instant prend la fuite.
Que vois-je, juste ciel ! s'écria celui-ci,
Barbets en ce pays pêchent-ils donc aussi ?
De la pourpre autrefois ils montrerent l'usage,
L'Ecrevice est pour nous un plus grand avantage.
  Il dit, et sans délai, d'un signe de la main,
Il lui marque sa route en lui jettant du pain.
La Fortune à l'envi, Barbet, te favorise,
Tu retournes chargé d'une nouvelle prise.
Qui pourroit exprimer le plaisir, le transport
Dont le Frere est ravi le revoyant à bord ?
Dans ses bras il le prend, le baise, le caresse :
Barbet, en sa façon, répond à sa tendresse,
Et par reconnoissance, autant que par honneur,
Se porte à son devoir avec plus de vigueur.
Lorsque dans son canal la Nymphe est revenuë,
Toujours avec succès la pêche continuë.
On le voit enhardi, méprisant le danger,
Se jetter dans les eaux ; sous les flots se plonger.

Quidlibet amplecti docilis. Quid multa ? Catellum
Informavit herus piscarier, ire sub ipsos,
Mox ubi consuetis rediêre canalibus, amnes,
Neve recursantum jam suffocetur aquarum
Vortice, pelliceo circumligat ora capistro,
Haud aliter quàm cùm teneri illaqueantur aselli,
Ne lac nocte bibant quod heri sitit aspera tussis.
Addit et inventam Cancros arcessere fraudem,
Lardo terga linit, coriumque effingit inunctum.
Ille dato, qualis victurus Olympia, signo
Præcipitat, fundoque catus se sternit in imo.
Nec mora, de toto concurrere flumine, Cancri,
Quos hærere simul sentit, velut horridos hystrix
Emicat. Ergo renidenti Fraterculus ore
Detrahit annumerans, peràque capace recondit.
Nec semel est fecisse satis, sed sæpè sub amnes
Ire, redire Canis, numerumque implere coactus
Quem sibi Seraphicæ poscunt dispendia cœnæ.
Sin levis, impatiens, tergo rediisset inani,
Tum caperans frontem, nodosæ verbere zonæ
Increpat. At supplex veniam velut ille precatus
Sternitur exululans, functusque labore supremo
Concutit inde pilos faciemque aspergit herilem,
Et multo hinc illinc depexus tergora linctu,
More triumphantis dominum prævertit ovantem
Ire domum properans, ad amicæ regna culinæ,
Hic ubi miratur, calido dum Cancer aheno
Æstuat, ut subitam donârit purpura mortem.

Le Frere plus prudent prend une gibeciere,
En fait à son plongeur comme une muzeliere :
Le nouvel amphibie étant ainsi masqué,
Contre un double ennemi ne sera plus risqué.
Mais pour mieux amorcer l'imprudente Ecrevice,
Le Frere ajoute encore un nouvel artifice :
De certain composé de sympathique odeur
Il parfume le poil de l'athléte pêcheur.
L'ennemi le croit mort, saisit son appanage :
Le Barbet ressuscite, et revient à la nage.
Tel qu'on voit quelquefois du milieu d'un buisson
Le dos armé de traits sortir un hérisson,
Tel on voit le Barbet reparoître avec gloire
Chargé de toutes parts du fruit de sa victoire.
Le Frere en souriant le décharge aussitôt,
Au fond d'un vaste sac met la pêche en dépôt,
Puis vers un autre endroit à l'instant le renvoye
Se charger, s'il se peut, d'une nouvelle proye.
Il ne l'en quitte point qu'après la quantité
Qu'il juge suffisante à sa Communauté.
Même si quelquefois, par trop de promptitude,
Il s'en revient à vuide, alors d'une voix rude,
Il lui frappe les flancs des nœuds de son cordon,
Par ses cris le Barbet lui demande pardon.
Mais lorsqu'il a fourni sa pénible carrière,
Et secoué trois fois son humide crinière,
Dont un léger brouillard jusqu'au Frere jaillit,
D'une langue legere enfin il se polit.
Alors tel qu'un Cesar montant au Capitole,
Glorieux et content vers le logis il vole.

Hinc honor, hinc pretium nostro crevère Catello,
Utilitas simul unde venit, venit unde voluptas.
Nam quibus insulsum sæpissimè cœna legumen,
Sæpiùs heu! fuerat, densis hinc fercula stipant
Seraphidæ Cancris et egestas copia facta est.
Scilicet extremas famâ vulgante per oras,
Advena quisquis erat, lepidum, mora nulla, Catellum
Visere, et hospitio Patrum invitatus aperto,
Non expectatos epuli miratur honores,
Anceps hæc mensis infertur ut esca secundis
Morice fulgenti : molles enucleat artus,
Quæque medullosos celant femoralia succos
Exuit, et sugens stimulanti verrit aceto.
Nempè cibus stomachoque levis, gratusque palato
Dote valet geminâ, dapis et medicaminis instar.
Sic pascebat heros, et herûm pascebat amicos
Ære Canis nullo : sed nec sine fœnore messis.
Largiter effuso quamquam renuentibus auro
Lætus abit, lætosque Patres conviva relinquit.
Muneris in patrem veniebat muneris autor,
Nec jam quisquiliæ, vilis fastidia mensæ,
Crusta sed omne genus, blandique fuère susurri.
Nec misero deinceps placuit vexare rotatu
Lucrificas exercentem melioribus artes
Auspiciis, fluvioque velut Pactolus in aureo
Regnat Seraphicæ Barbatulus arbiter undæ.
Proh superi! humanis quænam est fiducia rebus.
Quàm breve quod dulce est! dictum pudet : area laudis

Parisius, anno Domini millesimo trecentesimo vigesimo septimo, mense septembris. Per Dominum Regem. Tho. Théor.

(Extrait du *Trésor des Chartes,* aux Archives du royaume. Au titre Étampes, f° 124, n° 4.)

L'original de cette pièce qu'on peut voir au *Trésor des Chartes,* est sur parchemin, orné d'un très beau sceau pendant en cire verte, retenu par un lacet de soie verte et rouge. Le roi y est représenté sur son trône, soutenu par deux lions, portant dans la main droite son sceptre, et à la gauche la main de justice. Autour, on lit cette inscription :

Carolus Dei gratiâ Francorum, et Navarræ Rex.

FIN.

TABLE DES MATIÈRES

DU PREMIER VOLUME.

Pages.

Introduction. j

Chapitre premier.
Antiquité d'Étampes. — Conjectures sur son origine et sa fondation. — Coup d'œil général sur ses principaux monumens. 1

Chapitre second.
Etampes sous les premiers rois Mérovingiens. — Bataille sanglante sur son territoire. — Église de Saint-Martin. — La reine Brunehaut. 15

Chapitre troisième.
Étampes sous Charlemagne et ses successeurs. — Pillage d'Étampes par les Normands. 33

Chapitre quatrième.
Robert-le-Pieux. — Son séjour à Étampes. — Palais, Châtel. — Tour dite de *Guinette*. 41

Chapitre cinquième.
Suite du règne de Robert. — Description de l'église Notre-Dame d'Étampes. — Détails sur l'architecture de divers autres monumens. — Quelques souvenirs du roi Robert. 53

Pages

CHAPITRE SIXIÈME.

Henri Ier. — Philippe Ier. — Étampes sous ces deux monarques. — Histoire d'Eudes-le-Maire, dit Challo Saint-Mard. 71

CHAPITRE SEPTIÈME.

Affranchissement des communes. — Commune d'Étampes. — Chronique de quelques faits et gestes de Louis-le-Gros. 81

CHAPITRE HUITÈME.

Abbaye de Morigny. — Le pape Innocent II à Étampes. — Léproserie, maison des *Mathurins*. — Conciles tenus à Étampes. — Saint Bernard. 97

CHAPITRE NEUVIÈME.

Grande assemblée de seigneurs convoquée par Louis-le-Jeune en son palais d'Étampes. — Suger, abbé de Saint-Denis. — Concessions diverses de Louis VII aux habitans d'Étampes. — Templiers. — Monnaies d'Étampes. 119

CHAPITRE DIXIÈME.

Règne de Philippe-Auguste. — Juifs chassés d'Etampes. — Église collégiale de Sainte-Croix. — Faits et gestes divers de Philippe-Auguste relatifs à Etampes. — Anecdote historique. 135

CHAPITRE ONZIÈME. — Episode de la reine Ingelburge.

Son mariage avec Philippe-Auguste. — Elle est repoussée du trône. — Douleurs de son exil. — Sa captivité au château d'Etampes. — Lettres de cette reine infortunée. 147

CHAPITRE DOUZIÈME.

Etampes sous le règne de saint Louis. — Blanche de Castille. — Marguerite de Provence. — Maison des pères Cordeliers. — Chien pêcheur. — Premiers comtes apanagistes d'Etampes. 169

NOTES ET PIÈCES JUSTIFICATIVES.

I. Détails topographiques sur la vallée d'Etampes. 185

C'est là que le vainqueur pour comble de plaisir,
Sur un ardent brasier voit l'ennemi rougir.
Il en tressaille d'aise, en repaît sa colere,
(Leçon qu'apparemment il ne prit pas du Frere,)
Et contemple étonné le caprice du sort
Qui lui donne la pourpre en lui donnant la mort.
Ainsi notre Barbet devint considerable,
Joignant par ce moyen l'utile à l'agréable.
Avant lui quelquefois, et toujours trop souvent,
Le simple potager nourrissoit le Couvent.
Par ce nouveau secours, du sein de l'indigence
On vit avec surprise éclorre l'abondance.
L'Etranger qu'attirait ce fait prodigieux,
Goûtait avec plaisir ce mets délicieux.
Sur la fin du repas, cette viande ambiguë
De son brillant éclat réjouissoit la vuë :
Le vinaigre aiguisant l'appétit émoussé,
A manger de nouveau chacun se sent pressé :
La chair en est salubre, agréable et légère,
Enfin à peu de frais, on faisait bonne chère.
Le Voyageur content de l'hospitalité,
En partant signaloit sa libéralité.
Barbet avoit aussi sa part de ces largesses,
Quantité de reliefs, et beaucoup de caresses.
Aussi n'étoit-ce plus ce rôtisseur chétif,
Il exerçoit un art beaucoup plus lucratif,
(Un autre tournebroche avoit rempli sa place,)
Il n'étoit occupé qu'à sa paisible chasse.
Comme en un fleuve d'or ce pactole pêcheur
Faisoit de sa maison la richesse et l'honneur.

Quæ fuit, infandæ spectacula præbuit iræ.
Causa necis virtus, nimio dum fervidus æstu
Irruit infrænis, nullò moderante magistro,
Indignata Loë tumidis involvit in undis.
Proh pudor! infestis fecit convivia Cancris.
Ergo diu cuncti luxère, diutiùs ille
Qui præcepta dabat, lepidâ formârat et arte.
Unus in ore Canis : Barbatule, sæpè ciebat
Eheu non auditurum, neque responsurum!
At quoniam revocare nefas, nec vertere fatum
Seraphidæ possunt, invisæ margine lymphæ
Effigiem posuêre Canis, sub imagine carmen.
— « Hìc piscator hic est cujus solertia nuper
Aurea Seraphicæ renovârat sæcula genti,
Quem sors eripuit postquam invida, regnat egestas
Longum heu : regnatura, nisi tu fortè, viator,
Pellis et auriferum supplet tua dextra Catellum. » —

Ludebat Claudius Carolus Hemard de Danjouan, *Stempanus adolescens, anno* 1714.

Que la fortune, hélas ! par un seul tour de rouë,
Des plus nobles projets insolemment se jouë !
Qui jamais l'eût pensé, que dans ces mêmes lieux
Qui furent les témoins de ses faits glorieux,
Le vainqueur succombant sous les traits de l'envie,
Pour toute récompense y dût perdre la vie ?
Son audace, il est vrai, lui procura la mort.
(Le Frère étoit absent,) il veut prendre l'essort,
Sans ce guide fidèle et sans sa muzeliere,
Téméraire il se lance au fond de la riviere.
La Nymphe cette fois saisit l'occasion,
Et satisfait enfin sa longue aversion.
Elle anime ses flots, excite une tempête :
En vain le Barbet nage, en vain lève la crête,
Il fallut succomber. O ciel ! il ne vit plus !
Pour le chercher, hélas ! que de soins superflus !
Chacun est attentif si le Barbet abboye :
L'Ecrevice à son tour en avoit fait sa praye.
Tous, et surtout le Frère, en pleure amèrement :
Et pour l'éterniser par quelque monument,
Sur ce bord on élève un riche Cénotaphe,
Où l'on grave ces vers en forme d'Epitaphe.
— « Tel était ce Barbet de qui l'habileté
Suppléa si long-temps à notre pauvreté.
Hélas ! il ne vit plus ! nous sommes sans ressource,
La Parque en nous l'ôtant nous a coupé la bourse.
Qui peut nous consoler dans un si grand malheur ?
Qui peut nous secourir ? Ta charité, Lecteur. » —

Traduit par l'Auteur.

NOTE XII.

Charte de Charles IV, dit le Bel, portant érection de la baronie d'Etampes en Comté. (1327.)

(Chap. XII, p. 180.)

Carolus Dei gratia Francorum, et Navarræ Rex. Ut ordo dignitatum congruâ dispositione servetur, Regiæ Majestatis circumspectio, merita personarum, convenientiamque locorum diligenter attendens, ad decorem Reipublicæ personas, et loca quibus convenit, insigniis prærogativæ potioris attollit. Hanc sanè considerationem primitùs frequenter, et providè revolventes, ad carissimum, et fidelem Karolum de Ebroicis, consanguineum nostrum, ejusque Baroniam de Stampis convenienter direximus aciem nostræ mentis, dignum, et congruum arbitrantes, ut inclyta præfati consanguinei nostri, qui claris natalibus, ex stirpe nostrâ regiâ non ambigitur descendisse, nobilitas prædictæ Baroniæ de Stampis amœnitate loci, copia feodorum, rerum, et fructuum opulentiâ ab antiquis temporibus præpollenti, perpensioris nobilitatis obtineat, per nostræ regiæ liberalitatis munificentiam titulum superaddi : dictaque Baronia per regiam Majestatem in nomen elegans, et elegantiæ dignioris transfusa, præfato consanguineo nostro, juxta sui conspicuitatem honoris, ejusque successoribus, ad quos ipsam Baroniam devenire continget, nobilius adaptetur. Ea propter notum facimus, universis, tam præsentibus, quàm futuris, quòd nos Baroniam prædictam, præsenti statuto pragmaticè diffinito, in Comitatum duximus erigendam : et dignitate comitali, de speciali gratia, perpetuò exornandam : dictumque consanguineum nostrum prædicti Comitem Comitatus ; cum honore pleniore comitali, de nostræ regiæ plenitudine potestatis constituimus, et creamus : dilectis, et fidelibus nostris Paribus Franciæ, Ducibus, Comitibus, Baronibus, cæterisque nobilibus, Justiciariis, et subditis regni nostri Franciæ, præsertim ipsius subditis Comitatus, præsentium tenore mandantes, ut ipsi prædictum Comitem, consanguineum nostrum, ejusque in Comitatu hujus modi successores, ex nunc, et in perpetuum, ut Comites venerantur : et ad honores, privilegia, libertates, Comitibus solitas exhiberi, quibus eumdem consanguineum nostrum, ejusque in Comitatu prædicto posteros successores præsentibus insignimus, et etiam communimus, recipiant et admittant : ipsosque tractent cum debita reverentia, ut Comites in agendis : Nostro in aliis, et alieno in omnibus jure salvo. Quod ut firmum, et stabilite permaneat in futurum, nostrum præsentibus litteris fecimus apponi sigillum. Actum

Pages.

II. Sur la reine Brunehaut. 189
III. Sur le château d'Etampes et la tour dite de *Guinette*. 193
IV. Sur les églises de Notre-Dame et de Saint-Basile. 197
V. Charte du roi Henri Ier. 199
VI. Sur Eudes-le-Maire dit Challo Saint-Mard. 203
VII. Charte de la franchise du marché Saint-Gilles. 209
VIII. Droit de Commune d'Etampes. 211
IX. Fragmens du Compte général des revenus du roi Philippe-Auguste. 213
X. Sur la reine Ingelburge. 217
XI. Poème du chien pêcheur. (Canis piscator.) 221
XII. Charte d'érection de la baronie d'Etampes en Comté. 237

www.ingramcontent.com/pod-product-compliance
Ingram Content Group UK Ltd.
Pitfield, Milton Keynes, MK11 3LW, UK
UKHW021855190726
13855UKWH00001B/338